조선과 명청의 향촌사회 비교 연구

조선과 명청의 향촌사회 비교연구

장동표 지음

국학자료원

책을 내면서

이 책은 필자가 두 번에 걸쳐 중국에 방문학자로 다녀온 것을 계기로 매년 중국한국학국제학술대회에서 발표한 논문을 수정, 보완하여 학술지에 게재하였던 것을 묶어 낸 것이다. 발표 논문은 주로 양국의 향촌사회 지배층과 향약 시행, 향촌사회의 향현과 이를 추숭하기 위한 향현사 건립, 성리학 이념의 대척점에 서 있었던 음사에 대한 대응과 성황제의의 변천 등에 대한 주제를 중심으로 상호 비교 연구한 것이었다. 그 결과 양국의 향촌사회사는 유사성과 동질성이 매우 높으면서도, 지역과 시기에 따라 차별성도 존재하고 있음을 대략이나마 파악할 수 있었다.

필자는 오래전부터 특히 영남지역을 중심으로 재지사족에 의한 향촌의 향안 작성과 향약 실시, 서원 건립과 향교 운영, 선현 추숭활동, 종법 도입, 향례의 정립과 주도, 성리학 이념 중심의 예학과 도통 확립 등을 매개로 한 그들 중심의 향촌 사족지배 질서에 대한 연구를 해 오고 있었다. 그러던 중 북경과 항주에서 두 번의 방문학자로 머물렀던 기간 다닌 중국의 수많은 역사 문화 유적지 여행을 통해, 유교주의 통치 이념을 표방하였던 조선과 명청대의 향촌사회사가 상호 유사한 양상과 특성을 가진 것으로 보게 되면서, 이에 대한 비교 연구의 필요성을 느끼게 되었다.

그런데 당시까지만 해도 양국의 향촌사회 비교 문제에 대하여 본격적으로 관심을 가진 연구자는 사실 거의 없었다. 이에 필자는 그간 진행해 왔던 연구와 관련하여 중국의 향촌사회사를 주제별로 상호 비교 연구한 논문들을 매년 한국학국제학술대회에서 발표함으로써 양국의 향촌사회사 비교연구를 시작하게 되었다. 그러나 명청대 향촌사회사를 직접 연구하지 못한 채 중국학자들의 연구 성과에 주로 의존함으로써, 비교 연구의 문턱에 겨우 머무르는 수준이었음을 절감하지 않을 수 없었다. 앞으로 그 너머 부분으로의 진전은 양국의 향촌사회사를 모두 본격적으로 깊이 연구한 학자들의 출현을 기다리는 수밖에 없을 것 같다.

이 책에서 필자는 첫째, 양국의 향촌지배층에 대한 비교 연구부터 시작하였다. 향촌지배층은 각기 다르게 불렸고, 등장의 시기에서 차이가 있었지만, 중앙 권력의 지방통치 원리의 역할과 성격은 대체로 비슷한 것이었다. 둘째, 향약 시행의 변천과 성격 변화의 방향도 크게 다르지 않았다. 기본적으로 양국 모두 민간 자치적 성격이었던 향약이 관치 보조 혹은 관부형 향약으로 성격의 변화를 보였다는 점에서 역시 본질적으로 차이가 없었다. 셋째, 향현 추숭 형태는 다소 차이가 있었으나, 향인들의 존경을 받는 해당 지역 출신 인물들을 받들어 제향 하였던 점은 동일하였다. 향현사에서의 향현 추승을 통해 백성들을 다스린다는 점도 비슷하였다. 넷째, 유교 이념을 표방하였던 양국의 음사와 성황제의에 대한 인식과 그 대응은 대체로 비슷하였으나, 차별성 역시 일정 부분 있었다. 다섯째. 조선의 사대부 계층이 당시 동아시아에서 가장 번성하였던 중국 강남의 중심지 항주 서호를 상상하는 것은 왕도정치 이상의 실현 의지와 맞닿아 있는 부분이라는 점을 살폈다.

여러모로 부족함에도 이렇게 작은 책이라도 낼 수 있었던 것은 여러분의 도움이 있었기에 가능하였다. 먼저 중국사회과학원 역사연구소 방문학자 시절 이화자 교수님은 중국의 많은 연구자를 소개하고 학술 토론의 장으로 이끌어 주는 등 큰 도움을 주셨다. 다음으로 하늘 아래 천당이라는 항주의 절강공상대학 동아연구원의 객원교수로 초빙해준 현재 일본 東亞대학에 재직하고 계신 김준 교수님의 도움을 잊을 수 없다. 조선의 사대부들이 동경하였던 강남 지역의 역사 문화를 접할 수 있었던 소중한 기회였다. 마지막으로 결코 순탄하지 않았던 역사학자의 힘든 여정을 무사히 끝낼 수 있게 해 준 나의 평생 동반자 이승덕 선생에게 마음 속 깊이 감사드린다. 끝으로 한국학 관련 학술연구서 출판으로 이름 높은 국학자료원에서 상업성 없는 필자의 책을 흔쾌하게 출간해주신 정찬용 원장님께 감사의 마음을 표해 드리고자 한다.

2024년 8월 15일
금정산 기슭에서 장동표 삼가 씀

목차

제1장

조선시기 在地士族과 명청대 紳士에 대한 비교

조선시기 在地士族과
명청대 紳士에 대한 비교

1. 머리말

본고는 朝鮮時期 군현 단위의 지배층인 향촌 在地士族과 明清代 사회의 지배층인 紳士層들의 등장과 향촌활동 내용을 비교 연구한 것이다.[1] 이들은 양국의 전근대 향촌사회를 움직인 지배계급으로 모두 국가와 사회에 차지하는 비중이 매우 컸으며, 또한 전근대 국가사회를 유지하는 중요한 역할과 성격을 지니고 있었다. 향촌의 在地士族과 紳士層의 출현, 이들이 중심이 된 士族支配體制와 紳士制度 등은 본질적으로 유사한 모습이 많았다. 향촌에서의 활동 내용과 성격도 대부분 비슷하였으며, 향촌사회 운영에 미친 영향력도 크게 다르지 않았다.

조선시대의 향촌사회의 성격을 중국의 경우와 비교해 보는 것은

---

1) 이 글은 2012년 11월 8일 중국의 中山大學에서 개최된 제13회 中國韓國學國際學術會議에서 발표한 것을 수정, 보완한 것이다.

같은 유교문명권에 속하였던 양국의 국가와 향촌의 지배권력 구조가 어떤 것인지 비교해 본다는 측면에서 의미가 작지 않을 것으로 생각된다. 양국의 연구 성과의 비교는 동아시아사의 거시적 차원의 역사를 이해하는데 일정한 도움을 줄 것이다. 그렇지만 이러한 시각에서 접근한 연구 성과는 아직 매우 미미한 형편으로, 양국의 鄕村社會史에 대한 본격적인 비교 연구는 사실상 전무하다시피하다.[2] 중국에서의 한국의 향촌사회사의 특성과 관련된 비교연구도 역시 거의 전무하다.

본고에서는 필자가 그동안 살펴 본 경상도 여러 지역의 향촌사회사 연구 성과 가운데 주로 밀양, 함안, 청도지역 등지의 재지사족에 대한 사례[3]를 명청대 향촌지배층의 지방통치와 향촌활동에 대한 연구 성과와 간략하게나마 비교하면서, 향후 양국 향촌사회사 비교연구의 시발점으로 삼고자 한다. 본고는 조선시기와 명청대 향촌지배

---

2) 향촌사회사 관련 비교연구 성과로서 이수환, 「안동과 휘주의 서원교육 비교연구」『안동학연구』5(2006) ; 陳聯, 「中国徽州与韩国岭南书院比较研究」『안동학연구』5(2006) ; 李樹煥, 「朝鮮朝 嶺南과 淸代 山東의 書院 비교 연구 -人的組織과 經濟的 기반을 중심으로-」『民族文化論叢』46(2010) ; 정진영, 「韓國과 中國의 宗族社會 비교연구(1) -徽州와 安東을 중심으로-」(제24회 동아세아문화학회 학술회의 발표문, 2012) 정도가 주목될 뿐이다.

3) 拙稿, 「16,17세기 청도지역 재지사족의 향촌지배와 그 성격」『釜大史學』22(1998) ; 「조선중기 함안지역 재지사족층의 형성과 향촌지배」『釜山史學』37(1999) ; 「임진왜란 전후 밀양 재지사족의 동향」『역사와 현실』55(2005) ; 「예림서원의 건립 중수와 김종직 추숭 활동」『역사와 경계』64(2007) ; 「17세기 영남지역 재지사족의 동향과 향촌사회 -밀양 재지사족 李而楨을 중심으로-」『역사와 경계』68(2008) ; 「17세기 초반 밀양 재지사족 孫起陽의 향촌활동」『한국민족문화』34(2009) ; 「17세기 밀양 재지사족 朴壽春의 향촌활동과 도통인식」『역사와 경계』83(2012).

층을 지칭하는 다양한 용어의 의미부터 먼저 검토하고, 다음으로 양국의 지방통치 방식의 하나였던 사족지배체제와 신사제도의 내용과 성격을 살펴 볼 것이다. 마지막으로 향촌지배층의 활동 내용을 비교함으로써, 양국의 전근대 향촌사회의 성격을 나름대로 조망해보려 한다.

2. 조선시기와 명청대 향촌지배층의 용어

향촌지배층이란 무엇이며 양국에 있어 이 용어가 어떻게 사용되고 있는가. 향촌지배층은 국가 차원의 것이 아니라 향촌사회 단위에서 정치, 경제, 사회, 문화 등의 부문에서 중앙에서 파견 임명된 지방관과 함께 향촌사회의 운영을 주도하는 계층이라 할 수 있다. 양국의 향촌지배층은 시기적으로 동일한 시간대에서 나타난 존재는 아니며, 시기가 내려 갈수록 향촌에서의 영향력이라든지 지위 등에서 상호 차이를 보인다. 시기가 내려갈수록 조선의 경우 본래적 의미의 향촌 재지사족의 영향력은 점차 약화되면서 새로운 新鄕 세력이 등장하는 반면, 중국의 경우는 그 자체의 변화를 통하여 영향력을 다양한 방식으로 지속시켜 나간 모습을 보여준다.

'鄕村'의 단위는 우리나라와 중국에서 어떻게 인식되어 왔는가. 鄕은 본래 周代 지방행정 단위의 하나로 12,500가구의 규모이다. 주대의 지방행정은 比, 閭, 族, 黨, 州, 鄕 등의 단위로 나누고 5家를 1比, 5比를 1閭, 4閭를 1族, 5族을 1黨, 5黨을 1州, 5州를 1鄕으로 하였다.[4]

---

4)『周禮』「地官司徒」.

鄕里 제도는 주대 행정부터 명청시기 행정 단위까지 계속 지방 향촌의 鄕으로 인식되면서 꾸준하게 변화하면서 발전해 왔다.[5] 한국과 중국의 전근대 향촌의 '鄕'은 여기에서 유래된 개념이 할 수 있겠다.[6] 조선시대 군현단위의 鄕은 중국의 경우보다 규모가 작지만, 鄕村은 곧 중앙과 대칭되는 개념으로 행정구역상 지방군현 단위를 지칭하였던 점은 중국과 마찬가지였다. 향촌 在地士族은 바로 군현을 기본 단위로 한 한 고을의 지배계층이라 할 수 있다.

조선시기의 在地士族과 명청대의 紳士, 鄕紳, 士紳 등은 지방사회의 지배층이다. 이들은 모두 평민 위의 지배계층으로 특권을 가지고 군림하였다. 그들은 특권과 이미 지식권력이 된 儒敎文化 지식에 의지하여 많은 향촌 民들을 효과적으로 통제하였다. 한국과 중국의 향촌 지배층은 각기 용어와 형성과정 및 존재양태는 서로 다르지만, 이들의 향촌에서의 역할과 향촌에서 지배층으로의 변천과정은 큰 틀에서 본질적으로 차이가 없었다.

조선의 경우 지방의 향촌지배층에 대하여 연구자의 대부분이 '在地士族' 혹은 '鄕村士族'이라는 용어를 사용하고 있는 흐름이다.[7] 조

---

5) 骆正林, 「中国古代乡村政治文化的特点 -家族势力与国家势力的博弈与合流-」 『重庆师范大学学报(哲学科学编)』(2007年 第4期)의 鄕里制度 내용 참조.
6) 高英津, 「조선중기 鄕禮에 대한 인식의 변화」 『國史館論叢』 81(1998).
7) 이와 연관된 근래의 대표적 연구 성과로서 金仁杰, 『朝鮮後期 鄕村社會 變動에 관한 研究 -18,19세기 '鄕權' 담당층의 변화를 중심으로-』(서울대학교 박사학위논문, 1991) ; 정진영, 『조선시대 향촌사회사』(한길사, 1998) ; 金炫榮, 『朝鮮時代의 兩班과 鄕村社會』(집문당, 1999) ; 김성우, 『조선중기 국가와 사족』(역사비평사, 2001) 등의 저서를 들 수 있으며, 필자 역시 앞에 든 졸고에서 이 개념의 용어를 사용하였다.

선시기 지배층은 총체적으로 兩班, 貴族, 士族, 士大夫, 士夫, 品官, 士族, 鄕族, 儒鄕 등 다양하게 지칭되었으며, 이 가운데 일반적 지배층의 용어는 양반, 귀족, 사족, 사대부, 품관 등이었다. 지방의 지배층은 士族, 鄕族, 儒鄕 등으로 표현되었다.[8] 중앙과 지방을 막론하고 士族이 당시 지배층을 통칭하는 용어로 가장 적합한 것으로 볼 수 있다. 士族은 士大夫의 族屬이라는 의미도 있고, 일차적으로 법제적으로 규정되어 있으므로 士族이라는 용어 사용이 가장 사실에 접근한다. 법제적인 의미에서 사족은 자신이 생원, 진사이거나 자신의 친가나 외가에 顯官이 있거나, 문무과 급제자 자손일 경우에 사족의 범주에 포함된다. 현관의 범위는 동서반 정직 5품 이상이거나 감찰, 6조 낭관, 부장, 선전관, 현감까지 범주에 넣을 수 있다.[9]

그러나 在地士族은 역사적 범주에서 파악되는 것이 더욱 중요하다고 생각된다. 재지사족은 在京에 대칭되는 지역적 범위의 在地와 吏族에 대칭되는 신분으로서의 '士族'을 지칭한다. 재지사족은 향촌사회에서 중소지주로서의 경제적 기반을 가지고 16세기 중후반 이후 그들 중심의 지배체제를 구축해 나간 존재이다. 이들은 이 과정에서 유향소, 향안, 향규 등을 조직하고 작성하였으며, 서원을 건립하고, 향약, 동계, 동약 등을 실시하는 주체가 되면서 조선시기 향촌사회 지배질서를 주도하였다.[10]

결국 조선시기 향촌지배층이 일단 영향력을 행사한 지배의 단위가

---

8) 金炫榮, 위의 책,「南原地方 士族社會의 形成」참조.
9)『各司受敎』刑曹 受敎.
10) 정진영,「서장」『조선시대 향촌사회사』참조.

'鄕村' 단위였고, 향촌의 지배층이 '士族'이라는 점을 전제하면, 향촌 '在地士族'이라는 표현이 가장 적절하다고 본다. 재지사족은 군현 단위의 행정적 범주와 鄕村이라는 지역 범주의 질서를 주도하는 존재였다. 재지사족은 당연히 중앙의 관직을 역임한 사람까지 포함한다. 그러나 대체로 향촌의 재지사족은 말 그대로 현직자 개념보다 현직을 갖지 않고, 지방에 거주하는 사족을 중심으로 지칭되는 경향이 높았다. 법제적 규정과 향촌사회 사족 여부를 판별할 때 관직이나 재산, 통혼관계, 유교적 교양의 실천 등이 향촌사회에서 사족을 변별하는 일반적 기준이지만 관직이 가장 중요한 기준이었다.

명청시기의 紳士層은 鄕紳, 紳士, 士紳, 紳衿, 縉紳, 士大夫 등 다양하게 지칭되면서 변천되었다. 그러나 명청대 사회경제 질서의 변동에 따라서 중국의 향촌지배층은 점차 鄕紳, 紳士, 士紳 등의 명칭으로 좁혀지고 있다.[11] 향신, 신사, 사신은 각기 다른 역사 단계에서 형성된 역사성을 가진 개념이다.[12] 그러나 鄕紳, 紳衿, 縉紳과 紳士, 士紳의 경우 의미가 상호 중첩되거나 교차하였고, 연구자에 따라 다양한 용어를 사용하고 있고 있음을 본다.[13] 한국의 이 분야 연구자들은 대체로 '紳士'라는 용어를 사용하고 있는 경향을 보여준다.[14]

---

11) 박원호, 「명청시대 '紳士' 연구의 성과와 과제」 『歷史學報』 198(2008).
12) 徐茂明, 「明淸以来乡绅' 绅士与士绅诸概念辨析」 『苏州大学学报』 (2003年 01期).
13) 李世众, 『晚清士绅与地方政治-以溫州为中心的考察』 (上海人民出版社, 2006).
14) 대표적으로 吳金成의 연구를 들 수 있다. 그는 「紳士」 『명청시대사회경제사』 (이산, 2007)에서 紳과 士의 사회적 영향력 면에서 현저한 차이가 있음에도 불구하고 명 중기부터 士人들은 관직경력자와 더불어 하나의 계층으로 인식되어 '紳士'로 연칭 되었다고 주장한다.

吳金成은 명 중기부터 士大夫를 紳士로 부르게 된 원인을 두 가지로 본다.[15] 첫째, 명중기부터 士人의 수가 격증하였기 때문이다. 생원의 경쟁률이 명초 40:1에서 중기부터 300:1 혹은 400:1로 높아졌고, 鄕試 경쟁률도 59:1에서 300:1 이상으로 높아져 시간이 지날수록 士人의 계층상승이 거의 불가능하였다. 둘째, 다양한 사회변화를 원인으로 든다. 14세기 후반 明 초기에는 권농과 개간정책과 里甲制 실시 등으로 중국사회가 어느 정도 안정되고 농업생산력이 빠르게 회복된다. 그러나 15세기부터 인구 증가와 빈부격차가 커지면서 각지에서 이갑제가 점차 해체되고 농민이 흩어져 전국적인 이동이 시작되고, 반면에 국가 권력의 향촌지배력이 오히려 약화된다. 그런데 이 시점 15세기 중엽부터 士大夫로 불리던 지식인들이 자연스럽게 향촌질서 유지에 지도적 역할을 담당하고, 결국 국가권력 측에서도 사회에서도 다 같이 환영하였으며, 이들 사대부, 즉 관직경력자인 鄕紳과 士人을 하나의 계층으로 인식하여 '紳士'로 연칭하였다.

중국의 경우 먼저 鄕紳의 개념을 사용하고 있는 경우를 보자. 명청대 정치사회적인 향촌지배층을 '鄕紳'으로 총칭하고 있는 쑹大利의 경우 신사를 주요하게 두 가지 부류로 분류하여 살피고 있다.[16] 하나는 고향으로 돌아온 관직경력자와 현직 관리의 고향 친척자제이며, 다른 하나는 장차 官吏가 되려는 사람으로서 府·州·縣 학교의 生員, 國子監의 監生 및 鄕試와 會試 중에서 及第한 擧人과 進士이다. 현직

<hr>

15) 吳金成,「제2편 國家權力과 紳士」『國法과 社會慣行 -明淸時代 社會經濟史 硏究-』(지식산업사, 2007) 참조.
16) 쑹大利,『中國歷代鄕紳史話』(中國 沈陽出版社, 2007).

관료의 경우 양면적 신분의 소유자로 부임지에서는 官員이고, 고향에서는 鄕紳이다. 향신이 되기 위해서는 최소한 儒學의 입학시험인 童試에 합격하여 생원의 자격을 얻어야 한다. 이들은 기본적으로 지식인 집단으로 지주계급의 중요 구성 부분을 이루고 있었다.[17]

다음으로 鄕紳을 紳士보다 좁은 개념이라 하며 紳士라는 용어를 주장하는 郝秉鍵[18]의 논의를 들 수 있겠다. 이에 의하면 鄕紳은 縉紳과 같으면서 現任官, 原任官, 候補官을 말하며, 紳士는 擧人과 貢生, 監生, 生員을 말하는 士人[19]과 鄕紳을 총칭하는 개념으로 인식하고 있다. 신사와 진신, 향신은 오히려 동일하지 않는 범주이고, 문자상으로 紳士는 紳과 士의 합칭이다. 여기에서는 紳의 의미는 시기에 따라 轉變하면서 고대에는 士大夫였으나 후에 관료 신분의 사람으로 된다. 士는 본래 두 가지 층을 의미하는데 하나는 學生 혹은 學者, 다른 하나는 임관된 讀書人이라 하였다. 다만 現任官이 紳士로 볼 수 있는지에 대해서는 아직 쟁점으로 남아 있다 하면서 그는 官과 紳은 현임관의 두 가지를 겸한다고 한다. 官長과 鄕紳은 결국 동일인인데, 官에 있으면 官長, 鄕에 있으면 鄕紳으로 역시 하나일 뿐이라는 것이다. 官과 紳의 차별은 영향력의 대소에 있는 것이 아니라, 작용하는 방식이 같지 않은 데 있다. 紳士라는 것은 일종의 엄격한 身分으로

---

17) 王善飞,「明代江南乡绅与政治运动」『辽宁师范大学学报(社会科学版)』第23卷第6期(2000).

18) 郝秉键,「明清绅士的构成」『历史教学』(1996年 第5期).

19) 李竞艳은 士人을 기본적으로 중국의 고대 知識人이라 하고 思想과 文化의 방면에서 일반 백성들에게 매우 큰 영향을 준 것으로 보았다(李竞艳,「晚明士人与普通百姓的交往」『郑州航空工业管理学院学报(社会科学版)』31-3(2012)).

오로지 功名으로 성격이 규정되지, 세력으로 성격이 규정될 수 없었다. 그렇지 않으면 지주, 상인, 高利貸者, 暴發戶, 保甲長 등도 모두 기층사회에서 나름의 세력을 가지고 있었기 때문에 쉽게 '紳士'가 되어버리게 된다. 功名이 없는 신사 子弟의 경우는 紳士 자체는 아니며, 紳權의 표현형식에 불과한 것이었다.

徐茂明은 향신과 신사 및 사신을 각기 다른 역사 단계에서 형성된 歷史性을 지닌 개념으로 보았다. 鄕紳은 본래 鄕이나 재임 중의 본적 관원을 지칭하는 것이었지만, 이후에 점차 進士와 舉人도 포함한다고 하였다. 紳士의 경우 명대의 경우 주로 사용된 개념으로 鄕紳과 士人을 나눈다. 청대 말기에는 紳士가 연변되어 모든 紳衿을 존칭하거나 일반적으로 일컫는 용어가 된다. 士紳은 비교적 늦은 시기에 나온 포괄적 개념으로 보았다. 주요한 것은 재야에서 반드시 정치 경제적 특권을 누리는 지식인들 집단이며 과거로 고명을 얻은 자이거나 퇴임하여 향리에 거주하는 관원이라 하였다. 서무명은 학자에 따라 다르지만 대체적으로 士紳의 개념이 점점 학계에서 수용되고 있다고 보면서,[20] 자신이 경우 士紳 개념을 받아 들여 논의를 전개하고 있다.[21]

紳士는 봉건사회 가운데 반드시 秀才 이상의 功名 혹은 직함이 있으며, 관료와 평민의 중간에 개재한 하나의 재야 '특권' 계층이었다.[22] 官과 같지 않으며 民과도 구별되는 봉건통치계층 내부에 존재

20) 徐茂明, 「明淸以來鄕紳、紳士與士紳諸槪念辨析」 『苏州大学学报』 (2003年1期).
21) 徐茂明, 『江南士紳与江南社会(1368-1911年)』 (中國; 商务印书馆, 2006) 22页.
22) 阳信生, 「近代绅士研究中的几个问题」 『湖南城市学院学报(人文社会科学)』 第24

하는 하나의 특권층이었다. 공명과 직함, 재야이냐 아니냐의 것이 신사 판단의 주요 기준이 된다. 신사는 봉건통치자가 부여한 정치 특권을 가지고 이를 빙자하여 자신의 思想文化와 優免權 등 경제상의 우월적 지위를 가진다. 그러나 이는 필요조건이지 충분조건은 아니다. 신사와 지방관은 '相輔相成', '相得益彰'의 관계이다. 이들의 성격은 하나의 중국사회의 특권계층을 이루면서 기본적으로 이들의 역량은 모두 봉건왕조의 통제 아래에 나오고, 이들의 명운은 언제나 봉건제도와 밀접한 관계라는 점에서 봉건성을 지닌다. 신사는 중앙이 아닌 지방에서 권위와 역량을 펼치는 권위성과 지방성을 기본 특징으로 하였다.23) 동시에 신사는 재야성 즉 민간성의 특징도 지녔다. 기본적으로 이들은 실제 정치권력의 재야세력이 아닌 일종의 비정식의 사회역량의 특징을 지니고 이었다.

여기에서는 조선시기 향촌 '在地士族'이라는 용어와 연관하여, 官吏가 되었던 士人과 官吏가 되기 위해 준비하는 士人까지 포괄하는 의미로서 鄕紳이라는 용어보다 '紳士'라는 용어를 잠정적으로 사용하고자 한다. 紳士의 경우 鄕紳을 포괄하는 개념이면서 明淸代 사회 경제 발전과 함께 새롭게 향촌에서 영향력을 행사하면서 등장하는 여러 세력을 포괄할 수 있는 의미의 용어가24) 될 수 있기 때문이다.

卷第4期(2003).

23) 紳士는 近代로 내려오면서 그 성격이 매우 流動的인 것으로 변천하는데, 이 부분은 향후 별도로 논급되어야 할 문제이다.

24) 郝秉鍵, 「明淸紳士的构成」 『历史教学』 (1996年 第5期). 청대에 이르면서 향촌 지배층은 관직 역임자보다 관직을 갖지 못하였던 계층이 증대하면서 이들이 향촌에서 영향력을 행사하면서 세력화 되는데, 이러한 부분은 조선의 경우에서도 비슷한 양상을 보인다.

실제 향신의 '紳'은 시기가 내려갈수록 '紳'의 뜻이 계속 확대 발전되고, 그 함의는 계속 演變되어 나가고 있었다.[25] 즉, '紳'은 원래 사대부 계층 지칭하였으나, 明 시기에 紳商이 합류하면서 신사의 호칭은 민간을 포함하는 의미를 가지기 시작하며, 청나라 말기의 紳士는 의미가 확대되어 각 계층에까지 이르게 되는 것이었다.

3. 조선시기 士族支配體制와 명청대 紳士制度

명청시기의 신사층이나 조선시기의 재지사족은 각기 왕을 정점으로 하는 국가와 지방의 통치 틀 속에서 생성된 역사적 존재이다. 중국과 조선은 각기 나름의 지방정치제도의 원리를 가지고 있었다. 조선의 경우 시기적으로 중국보다 다소 늦지만, 16,17세기에 성립되는 士族支配體制가 등장한다. 중국의 경우 지방통치 원리의 하나로 보는 紳士制度가 마련되면서 중앙의 권력이 지방통치에 영향력을 유지해 나가고 있었다.

조선시대 향촌 在地士族은 앞서 언급하였듯이 여말선초 이후 지방 단위의 향촌으로서 '在地'와 신분으로서의 '士族'을 합칭한 것이다. 주지하듯이 재지사족은 고려후기 上京從仕 하였다가 여말선초 이래 훈구파와 사림파의 정치적 대립의 격화 속에서 주로 사림파 세력들이 낙향하여 재지적 기반을 확보하는 가운데 등장한다. 이들은 향촌 사회에서 中小地主로서의 경제적 기반과 士族으로서의 신분적 배경

---

25) 余进东,「"紳"义考辨及流变」『湖南社会科学』(2012年 2期).

을 가졌다. 15세기 후반 이후 점차 鄕吏로부터 향촌사회 운영권을 장악하여 16세기 중후반 경부터 그들 중심의 지배체제를 구축해 나간다. 조선시기 지방의 정치제도의 하나로 자리 잡아 나간 이 같은 제도를 향촌의 '士族支配體制'로 지칭한다.[26]

士族支配體制는 당연히 향촌사회에만 국한되지 않는 조선시기 전체 통치체제 속의 한 부분이었다. 사림세력에 의해 구축된 16, 17세기 사회는 중앙의 정치적 지배와 함께 자신들의 기반이었던 향촌사회에 대한 지배도 동시에 관철되어야 했다. 사림파 정치세력은 재지사족들을 그들의 지방지배 실현의 협력자로 끌어들인 것이다. 사림세력은 이 과정에서 향촌의 재지사족 집단을 매개로 중앙의 권력을 지방 군현에까지 확대해 나갈 수 있는 구조적 체제를 구축하게 되는 것이다. 그러나 18세기에 이르면서 사족지배체제가 흔들리고 국가의 官主導 향촌정책에 따라 기왕의 향촌 사족은 鄕權으로부터 점차 멀어지기 시작하며,[27] 19세기에 이르면 지방에는 '守令-吏·鄕 지배체제'[28]로 발전하게 된다.

---

26) 金炫榮은 士族支配體制를 士族들의 지배적인 지위를 지속시키려는 政治, 經濟, 社會 등 여러 제도와 이데올로기의 總體라 하였다(김현영, 『朝鮮時代의 兩班과 鄕村社會』, 集文堂, 1999). 정진영은 재지사족이 향촌을 지배한다는 의미에서 '향촌지배체제'라 하고(정진영, 「16,17세기 재지사족의 향촌지배와 그 성격」『역사와 현실』 3(1990)), 김성우는 사족지배체제 개념과 관련하여 '사족지배구조'라는 용어를 제시한다. 그러나 이는 임진왜란을 경과하면서 사족층이 전후 복구사업에 적극 참여하면서 향촌에서 안정적인 구조로 정착된다고 하였다(김성우, 『조선중기 국가와 사족』, 역사비평사, 2001).

27) 金仁杰, 『朝鮮後期 鄕村社會 變動에 관한 硏究』(서울대학교 박사학위논문, 1991).

28) 고석규, 『19세기 조선의 향촌사회연구』(서울대학교출판부, 1998).

중국의 경우에는 士族支配體制와 비교하여 '紳士制度'를 들 수 있겠다. 이에 대해서는 阳信生이 紳士制度라는 개념을 사용하여 명청시기 지방의 향촌사회 지배층을 분석한 것이 우선 주목된다.[29] 그는 紳士制度를 신사계층이 생겨난 원인과 제도를 여러 방면에서 분석하면서, 중국의 봉건사회에 존재하는 하나의 제도적 성격을 가진 것이라 하였다. 신사제도는 중국의 隨唐부터 시작하여 明清 시기에 이르기까지 지방정치제도로 성숙되어 간 것이다. 紳士制度는 중국 봉건사회 지방정치제도를 중요하게 조성하는 부분이자 중국 봉건정치제도의 하나의 커다란 특색이고, 아울러 皇權統治의 기초를 보장하는 중요한 제도의 하나라 하였다. 紳士制度의 변화와 발전은 어떤 우연적 결과로 나타난 것이 아니라, 황권 통치 아래 지방사회 정치역량을 균형되게 발전시키고, 봉건 통치를 유효하게 유지하기 위한 제도를 마련하는 과정의 필연적 산물이었다.[30]

향촌에서 在地士族 중심의 지배질서가 확립된 것은 '朝鮮中期'였다. 이들 在地士族 세력은 사화가 끝나가는 시점의 16세기 중반 이후 士林派 세력이 중앙정치권력을 장악해 나가는 것과 맥락을 같이하면서 향촌사회 지배질서의 중심세력으로 자리 잡아 가기 시작한다. 재

---

29) 阳信生,「明清紳士制度初探」『船山学刊』第63卷第11期(2007).
30) 徐祖澜,「乡绅之治与国家权力--以明清时期中国乡村社会为背景」『法學家』(第 2010年第6期). 徐祖澜은 이 논문에서 향촌을 다스리는 것에 대하여 鄉紳이 주체가 되는 '鄉紳之治'를 제시한다. 국가의 정식 권력이 향촌사회를 통제하는 힘이 점차 약화되어 가는 상황 아래서 향신의 권력에 의한 鄉紳之治가 생성되어 간다고 한 것이다. 鄉紳之治는 국가권력의 향촌을 다스리는 연장선임과 동시에 향촌사회가 국가권력을 방어하는 병풍이 된다. 徐祖澜은 官의 정식권력에 대비하여 鄉紳을 비정식 권력으로 보았다.

지사족들은 壬辰倭亂과 丙子胡亂을 경과하면서 향촌에서 자신들이 중심이 된 사족지배체제를 더욱 본격적으로 구축해 나가고 있었다. 17세기 前半의 시점에 이르면서 鄕案과 鄕校 운영 및 鄕約 실시[31] 등 향촌의 주요 지배기구에 더욱 주도적으로 참여하면서 在地士族 중심의 체제 구축과 함께 性理學 이념에 입각한 본격적인 향촌지배질서가 수립되는 것이다.

사족지배체제 아래 재지사족은 자신들 중심의 향촌질서를 확립해 나가면서 鄕射禮와 鄕飮酒禮의 실시, 道學 정치와 성리학 중심의 道統 정립, 禮學과 鄕禮의 정립 등에 대해서도 많은 관심을 기울였다.[32] 이러한 일은 대개 전쟁 시기 의병운동을 주도하거나 참여한 향촌 사족들이 적극적인 경향을 보였다. 향촌 재지사족은 留鄕所, 향안, 향약, 서원, 사마소, 문중 등의 여러 기구를 중심으로 지방을 장악해 나갔고, 상호 혼인과 학맥을 통하여 향촌에서의 자신들의 지위를 유지하였다.[33] 재지사족은 향교의 운영과 중수 및 서원의 설립 주체로서 향촌지배 과정에 참여하였다.[34]

---

31) 17세기 중엽 밀양향약 시행의 주체는 밀양의 재지사족을 대표하는 존재들이었다. 물론 이들이 참여한 향약 조직은 지방관과 무관한 독자적으로 이루어진 조직은 아니었다(拙稿, 「임난전후 밀양 재지사족의 동향」『역사와 현실』 55(2005)). 중국의 경우 명말 이후 사회경제 변동과 함께 시행이 확산된 鄕約(王守仁 단계 향약에서 점차 명 태조가 내린 六諭의 비중이 커진 향약으로 관치보조 기관화 한 향약으로 변화)과 保甲制 시행에서 향신의 협조가 중요하였다(송정수, 「향촌조직」『명청시대사회경제사』(이산, 2007)).

32) 졸고, 「17세기 밀양 재지사족 朴壽春의 향촌활동과 도통인식」『역사와 경계』 83 참조.

33) 졸고, 「조선중기 함안지역 재지사족층의 형성과 향촌지배」『釜山史學』 37 참조.

34) 졸고, 「16,17세기 청도지역 재지사족의 향촌지배와 그 성격」『釜大史學』 22 참조.

중국의 향촌 지배층으로서 신사층의 등장은 명대 이후 科擧制와 學校制의 결합과[35] 鄕紳과 함께 士人의 특권층으로의 승격, 鄕紳과 士人 사이의 동류의식 발생 등을 배경으로 하고 있다.[36] 명초부터 전국의 府, 州, 縣에 일률적으로 중등학교 격인 '儒學'이 설립되었으며, 儒學의 학생인 生員에게만 과거 응시 자격이 주어진다. 이러한 점은 조선시기의 경우에도 마찬가지였다. 명청시기 과거제의 특징은 과거시험이 學校制와 서로 관련되어 있었으며, 이것은 바로 紳士層이 만들어지는 중요한 원인이었다. 3년마다 실시되는 鄕試에 합격하면 擧人이 되고, 擧人은 수도에서 2월에 禮部가 주관하는 會試에 합격한 후, 3월에 실시하는 殿試에 합격하면 進士가 되어 관료에 임명되었다. 儒學의 生員은 성적에 따라 수도에 있는 대학격인 國子監에 입학하여 監生이나 貢生이 되었고, 監生 자격을 가지면 관료로 추천될 자격을 갖추게 되는 것이다.

조선초기 국가에 의한 향교 설립과 조선중기 사림파 세력에 의한 서원건립 등의 흐름은 명대의 학교제와 과거제 실시와 맥락을 같이한다. 明代부터 하나의 체계로 통합되고 학교가 科擧의 제일 단계로 병합되고 生員의 사회적 지위도 제고되었다. 과거제와 학교제의 이러한 점은 조선의 경우와 사정이 크게 다르지 않다. 조선에도 건국이후 과거제가 본격적으로 실시되고 전국 각 군현에 鄕校가 설립되

---

35) 향신의 구성 인원을 보자면 상당히 높은 비율의 擧, 貢, 生, 監 모두 學校制와 科擧制에서 산출된 것이었다. 향신의 형성은 과거제와 학교제와 매우 밀접한 상관되어 있는 것이다(쑹大利,『中國歷代鄕紳史話』).

36) 明淸代의 紳士層에 대한 일반적인 이해는 吳金成,「紳士」『명청시대사회경제사』를 주로 참조함.

고,37) 조선중기 이후 사림세력의 등장과 함께 書院 건립 운동38)이 전개되면서 재지사족에 의한 지배체제가 형성되어 간 것과 같은 맥락에서 이해 할 수 있는 것이다. 다시 말해 조선시기 이후 교육제도의 발전이라는 큰 맥락과 연관하여 과거제를 통해 지속적으로 배출된 인재가 중앙이나 지방사회에 지배 엘리트층으로 계속 축적되어 나갈 수 있게 된 것이다.

紳士 계층의 본격적 등장은 士人이 특권층으로 승격된 점과도 연관이 있었다.39) 士人層의 최하층인 生員조차 평생토록 9품관과 비슷한 대우를 받았고, 국가로부터 세금을 면제 받는 優免權을 받았으며 생원만이 입는 儒服과 모자를 착용했고, 세금감면과 특사도 받을 수 있었다. 鄕試에 응시할 자격을 가졌으며 성적에 따라 國子監에 진학할 수도 있었다. 士人들은 사대부로서 점차 높은 위상을 가지게 된 배경은 명청대에 인구가 급증하고 사회는 갈수록 복잡해지는데도 관료의 수는 늘지 않아, 국가체제를 유지하기 위해서는 향촌의 지식인을 지지 세력으로 만들어야할 필요성에 있었다.

넓은 의미의 鄕紳의 등장은 좁은 의미의 鄕紳과 士人 사이에 同類의식이 발생하면서 본격화하였다. 士人들은 유교적 교양과 이념을 체득한 사대부였다. 士人은 현실적으로 보면 사회적 대우나 영향력 면에서 관료층과 현격한 차이가 있었으나, 平民도 아닌 四民 가운데 우두머리였다. 이들 士人들의 동류의식에서 비롯된 유형의 집단행동

---

37) 李成茂, 「교육제도와 과거제도」『한국사』 23 (국사편찬위원회, 1994).
38) 李樹煥, 「서원건립활동」『한국사』 28 (국사편찬위원회, 1996).
39) 吳金成, 「紳士」『명청시대사회경제사』 참조.

을 '士人公議'라 부른다. 이들은 明 中期부터 士人들의 관직경력자와 더불어 하나의 계층으로 인식되어 紳士로 대우를 받게 되는 것이다.

이상에서 볼 때 조선의 향촌사족과 명청대 鄕紳들이 지배층으로 등장은 과정과 시차에서 다소 차이가 있었지만 본질적으로 크게 차이 나지 않는다. 鄕紳과 士大夫와 결합하게 되면서 紳士 계층이 형성되는 과정과 조선의 경우 관직 경험자와 科擧 합격자 및 향촌의 향촌 지배기구에의 참여 계층 등이 공론 형성의 주역이 되는 부분 등에서 비슷한 모습이다. 다만 조선의 경우 임진왜란이라는 전쟁과 1636년 병자호란에서 의병활동을 전개한 계층40)과 그 후손들이 향촌의 지배계층으로 대거 참여하면서 재지사족의 지위를 굳혀 나가게 되는 과정이 다소 다른 부분이라 할 수 있겠다.

조선의 경우 재지사족은 어떠한 경우라도 守令權을 본질적으로 능가하지 못하였던 점은41) 명청시기 신사층이 紳權을 행사하면서도 皇權을 넘어서지 못하였던 것과 마찬가지이다.42) 사족지배체제에서 사족들이 가지고 있던 鄕權은 수령권 즉 官權을 능가할 수 없었다. 사족들의 향권은 관권과의 일정한 양보와 타협을 전제로 성립되는 것이다. 사족지배체제 아래의 향권은 기본적으로 왕권을 대행하는 수령의 통치에 대한 시비를 엄격히 금지하고 있었다.43) 그렇지만 조선후기에 이르면서 향촌의 사족들이 상소를 올려 향촌사회의 이해를

---

40) 졸고, 「임진왜란 전후 밀양 재지사족의 동향」 『역사와 현실』 55 참조.
41) 정진영, 「국가의 지방지배와 새로운 세력」 『조선은 지방을 어떻게 지배했는가』 (아카넷, 2000).
42) 費孝通, 吳晗 等著, 『皇权与绅权』 (岳麓书社, 2012).
43) 李珥, 『海州一鄕約束』.

대변하기도 하였다.[44)

중국의 경우 향권, 즉 紳權은 직접 중앙권력과 대립하기도 하였지만,[45) 보통의 경우 皇權 대행자인 州縣官과 紳權의 주체인 紳士는 기층사회에 대한 통제라는 측면에서 서로 협력하고 보충하는 관계였다.[46) 주현관은 '親民之官'으로 신사와 '一鄕之望'의 관계로서 양자는 국가와 사회의 임계선상에 있으며, 같지 않은 길로 살아가면서 지방사회를 공동으로 治理한다. 그렇지만 청대이후 시기에 따라 신사는 기층사회에 대한 통제가 점차 강해지면서 전에 없이 신권이 커지는 추세였고, 따라서 주현관과 신사의 관계에서 커다란 변화가 발생하게 된다.[47)

4. 조선시기 在地士族과 명청대 紳士의 향촌활동

재지사족과 신사층은 기본적으로 향촌사회에서 향촌지배층으로서 다양한 활동을 전개하였다. 이들의 향촌 활동은 시기와 구성원의 성격에 따라 변화하였다. 기본적으로 국가권력의 대행자인 守令權과 타협하면서 향촌활동을 전개하였으며, 중세 국가권력을 향촌사회에 적용함에 있어 이데올로기적 대변자의 역할을 하였다. 명청대 신사

---

44) 졸고, 「17세기 영남지역 재지사족의 동향과 향촌사회 -밀양 재지사족 李而楨을 중심으로-」『역사와 경계』68 참조.

45) 王玉山, 「中国传统乡村社会中乡绅的历史地位探悉」『研究生法学』(2009年4期).

46) 郝秉键은 국가 권력이 기층사회에 침투하기 위하여 紳士들에게 통치 공간을 제공한다고 보았다(郝秉键, 「试论绅权」『清史研究』(1997年 2期)).

47) 刘彦波, 「清代基层社会控制中州县官与绅士关系之演变」『武汉理工大学学报(社会科学版)』第19卷第4期(2006).

충이 가졌던 신권은 중앙의 황권을 보장하는 기초 역할을 하고 있다. 여기에서는 紳士層이 전개하였던 향촌활동을 조선의 경우와 비교하기 위해 밀양지역 재지사족이었던 孫起陽(1559~1617)의 향촌활동 사례를 구체적으로 들어 볼 수 있겠다.[48]

먼저 명청대 紳士가 전개한 향촌활동의 모습을 보자. 이들은 기본적으로 先憂後樂의 公意識에 입각하여 광범위한 공익사업에 참여하였으며, 국가권력이 향촌을 통치하는 데 補佐役을 담당하면서 협조하였다. 지방관의 자문역을 담당하면서 향내의 대소 분쟁을 조정하는 역할을 하고, 自衛軍을 조직하여 향촌방어 역할 등을 하였다. 신사는 또한 국가의 조세징수에 협조하고, 각종 수리시설 건설 등에 참여하고, 기금을 마련하여 義田, 學田 등의 설치와 운영, 자선사업 참여, 救恤事業 등에 참여하였다.[49] 鄕約 시행과 鄕飮酒禮 행사를 주도하고, 儒學의 학당과 書院 등 공공건물을 수축하였고, 講會를 조직하여 講學을 하고, 좋은 책을 펴내어 향촌교화를 담당하고, 宗譜와 族規를 편찬하여 종족의 평안과 교화를 담당하는 문화적 역할을 하였다. 이러한 부분은 후술하듯이 조선의 밀양재지사족 손기양의 향촌활동의 특성과 비슷한 모습을 보이고 있다.

한편 明 말기 학교와 과거제로 紳士들은 사회와 접촉하는 면이 넓어지면서 보통의 백성들과 교류하는 범위가 확장되고, 지식과 예의

---

48) 孫起陽의 자세한 향촌활동 내용은 졸고, 「17세기 초반 밀양 재지사족 孫起陽의 향촌활동」『韓國民族文化』34 참조.

49) 张星久, 「对传统社会宗族' 乡绅历史地位的再认识」『湖北行政学院学报』(2002年04期).

를 관장하고 대변하는 사람이 되기도 한다. 여기서 이들은 사상과 문화에서 勸善懲惡, 경제상에서 빈자와 약자를 구제하고 社會公益事業에 열중한다.[50] 명말청초 시기의 신사층은 명청교체기의 전란기에 훼손된 향촌사회 질서를 복구하는데 적극적으로 참여하기도 한다. 이러한 현상은 조선시기 향촌재지사족의 활동과 크게 다르지 않은 부분이다. 임진왜란 이후 경상도 밀양이나 상주 지역사회의 경우에서 전후 복구와 파괴된 질서의 회복에 재지사족층이 매우 주도적 역할을 하고 있음을 볼 수 있다.[51] 밀양을 비롯한 영남 지역에서 전쟁을 겪으면서 파괴된 고을의 경우 대부분 향촌의 재지사족들이 초기에 전후 복구를 주도하면서 해당 지역의 지배층으로 지위를 굳혀 나갔다.[52]

중국 紳士層의 향촌재건 활동도 조선의 재지사족층의 활동과 비교해서 다소 차이가 있겠으나 그 성격은 크게 다르지 않았던 것으로 보인다. 한 사례로 청나라 초기 江西省 萬載縣 향신들이 명말 청초의 전란기에 파괴된 萬載縣 사회를 재건함에서 매우 중요한 역할을 한 사실이 조선의 경우와 비교된다.[53] 구체적으로 縣 단위의 정권은 적극적 참여 의욕을 보인 辛氏宗族의 '鄕紳'세력을 이용하여 만재현 사

50) 李競艷, 「晚明士人與普通百姓的交往」『郑州航空工业管理学院学报(社会科学版)』31-3(2012).

51) 졸고, 「16,17세기 청도지역 재지사족의 향촌지배와 그 성격」『부대사학』22 ; 「조선중기 함안지역 재지사족층의 형성과 향촌지배」『부산사학』37 ; 「임진왜란 전후 밀양 재지사족의 동향」『역사와 현실』55 참조.

52) 정진영, 「壬亂前後 尙州地方 士族의 動向」『민족문화논총』8(1987) ; 김성우, 「임진왜란 이후 복구 사업의 전개와 양반층의 동향」『한국사학보』3.4(1998) 참조

53) 施由明, 「清代江西的乡绅与县域社会建设 -以万载县为例-」『宜春学院学报』30-5(2008).

회를 재건하고 있었다.[54] 이렇게 적극적이었던 원인으로서 먼저 이들 대부분이 儒家 문화의 배양과 훈도를 받은 존재로서 지역사회에 대한 도덕적 책임감이 제일 큰 것이었고, 다음으로 자신들이 지방의 명망을 유지하는 길이기도 하고, 그들 신사층 종족의 자제들이 과거 시험에 합격하기 위한 열망 등도 원인이었다. 신사층은 宗族의 한 구성원으로서 종족사회의 지도적 지위에 서서 자기 종족 발전을 위한 노력을 하면서 지방 공공사업과 지방 공익적인 사업에 적극 참여하였다.

신사층이 일반 백성들과의 직접적 접촉을 통한 활동의 예도 들 수 있겠다.[55] 이들은 강학활동을 하고, 鄕約 시행에 참여하면서 일반 민들에게 큰 영향을 미친다. 경제적 측면에서 士紳들은 지연에 바탕하여 민간구휼의 기능을 가진 同善會와 같은 조직을 만들어 활동하고, 지방의 공공사무에 대한 지원도 하였다. 교량과 도로 건설과 수리, 수리 시설 건설, 강을 막고 보를 설치하는 등의 공공사무는 士人들이 주창하면 官府가 승인 하거나 官府가 주창하면 재력을 가진 士人이 참여하는 방식으로 이루어졌다. 백성들의 민사 분규 문제가 발생하였을 때도 참여하였다. 일반 백성들의 경우 첫째 문자해독 능력이 낮고 둘째 민사 분규 때 많은 경비가 소모되기 때문에 관에 직접 상고하지 못한다. 여기에 士人들이 참여하여 해결을 주도하는 것이다.

---

54) 施由明,「明淸時期宗族、乡绅与基层社会 -以万载县辛氏宗族以例」『农业考古』(2008年04期).

55) 李竞艳,「晚明士人与普通百姓的交往」『郑州航空工业管理学院学报(社会科学版)』31-3(2012).

조선의 재지사족의 향촌활동은 유향소, 향안, 향규, 향교, 서원 등의 향촌지배기구를 통한 것이었다. 이들은 특히 전쟁 후 주로 향교와 서원 건립과 중수, 전쟁 후의 파괴된 향촌질서 복구, 의병활동, 향약과 향회 활동, 서원 건립과 위상제고 움직임, 유학자 추숭, 향안 작성 등의 활동을 전개하였다. 아래 조선중기 밀양지역의 대표적 재지사족 孫起陽의 향촌활동을 사례로 살펴보자.

孫起陽은 과거에 합격하여 判官과 府使 등의 관직을 역임하였고 임진왜란 시기에 의병운동 전개, 전후 피폐해진 書院과 鄕校의 중흥 및 鄕賢들에 대한 享祀의 활성화, 文廟從祀運動과 鄕禮의 실천 등의 노력을 기울였던 인물이다. 손기양의 향촌활동은 임진왜란 이후 향촌사회에서의 在地士族 중심의 지배질서가 구축되는 과정의 한 단면을 잘 보여준다. 孫起陽은 1559년(명종 14) 경상도 밀양부에서 태어나 1617년(광해군 9) 세상을 떠났다.[56] 손기양은 17세기 후반 사액을 받은 佔畢書院[57]에 수학하면서 고향 선배 학자 李慶弘에게 배우고, 나중에 당대의 성리학자 鄭逑(1543~1620)의 문인이 된다. 1585년(선조 18)에 司馬試에 합격한 뒤 1588년 式年文科에 丙科로 급제하고, 典籍을 거쳐 慶州提督, 蔚州判官, 永川郡守, 昌原府使를 지냈다. 1612년 정치가 어지러워지자 벼슬을 버리고 낙향하였다.

---

56) 孫起陽, 『聱漢集』 권4, 「年譜」.
57) 佔畢書院은 17세기 초 이건 중수 이후 禮林書院으로 명칭이 바뀌며, 사액화는 역시 밀양의 대표적 재지사족이었던 李而楨의 활동으로 이루어진다(졸고, 「예림서원의 건립 중수와 金宗直 追崇 활동」 『역사와 경계』 64 ; 「17세기 영남지역 재지사족의 동향과 향촌사회 -밀양 재지사족 李而楨을 중심으로-」 『역사와 경계』 68 참조).

孫起陽 가문은 밀양의 대표적인 재지사족이었다. 이는 密陽鄕案에 잘 반영되어 있다.[58] 임진왜란 이후 密陽朴氏와 密陽孫氏 및 碧珍李氏 가문이 밀양의 대표적 재지사족 세력으로 등장하였다. 손기양 가계는 밀양손씨 문중에서 밀양향안 입록자의 절반 이상을 차지하면서 문중의 가장 유력한 세력으로서 지위를 유지하였고, 조선후기에 이르기까지 밀양의 鄕會 운영에 주도적으로 참여하였다. 밀양 향회는 향론의 형성과 부세운영 등에 관여하였다.

손기양은 정구, 曺好益으로 이어지는 退溪學派에 속하였다. 교유한 인사로는 鄭經世, 李埈, 申之悌 등 향내 외에 걸쳐 폭넓게 교유하였다. 그의 문인 安玑, 蔣文益, 朴壽春 등은 17세기 밀양의 대표적 재지사족이면서 의병운동과 향촌사회 활동을 함께 전개한 인물들인데, 이는 중국 전래의 座主門生 관계[59]와 같이 서로 도움을 주고받았던 관계와 유사하였다. 安玑, 蔣文益, 朴壽春 등과 같은 인물은 明淸 시기 벼슬을 하지 않은 士人과 같은 존재였다.

손기양은 임진왜란이 일어나자 밀양에서 창의하여 鄕兵을 불러 모아 관내 여러 곳에서 싸웠다. 손기양은 이후 慶州, 永川 등지와 蔚山 전투와 八空山 전투에서도 활약하는 등 밀양을 넘어선 지역에서도 의병활동을 주도적으로 전개하였다.[60] 손기양은 의병장으로 다른 지역의 의병장들과 유대관계를 가지며 활약하였다. 밀양에서의 의병 항쟁은 그의 재지적 기반과 폭넓은 사승관계 등이 창의 기병하는 데

---

58)『密州鄕案』(密陽文化院 刊行).

59) 吳金成,「紳士」『명청시대사회경제사』참조.

60) 孫起陽,『螯漢集』권4,「年譜」;『火旺山倡義錄』;『八公山倡義錄』.

많은 도움이 되었다.[61] 인근 청도지역에서 의병활동을 전개한 청도 의병 '14義士'는 밀양박씨 문중 출신의 재지사족이었다.[62] 중국의 경우 전쟁과 관련한 향촌지배층의 변동을 찾아보기 어려우나 조선의 경우는 임진왜란과 같은 큰 전쟁은 향촌의 재지사족 동향에 큰 영향을 미쳤다.

재지사족 손기양은 임진왜란 이후 향촌사족의 일차적 여론결집의 거점이 되고 있던 書院을 바로 세우는 일에 중추적인 역할을 한다. 손기양은 1606년 鄕論을 주도하면서 훼손된 서원의 위판을 봉안하고 院規를 새로 만드는 일을 시작한다. 서원절목을 작성하여 서원 운영의 규칙을 바로 세웠다.[63] 손기양은 佔畢書院에 선현을 享祀하자는 운동을 적극 전개하면서 서원의 위상 확립을 주도하였다. 향사 문제는 在地士族 중심의 향촌질서 확립과 밀접하게 연관되어 있는 문제였다. 그는 동향 출신의 선배 유학자 佔畢齋 金宗直의 위상을 주목하면서 그를 적극 祭享할 것을 주장하였다.[64] 손기양은 金宏弼, 鄭汝昌 등이 모두 김종직을 스승으로 이어 받아 趙光祖, 李彦迪, 李滉에 이르기까지 서로 연달아 道學의 전통을 이었음을 적극 강조하였다.[65] 손기양은 전란으로 소실된 鄕校를 재건립하고 釋奠祭를 지내는 등 향교를 새롭게 하는 일에 관심을 가졌다.[66] 밀양향교는 당시

---

61) 중국의 경우 향촌의 防禦軍이 이에 해당한다고 할 수 있을 것이다.

62) 졸고, 「16,17세기 청도지역 재지사족의 향촌지배와 그 성격」『釜大史學』 22.

63) 孫起陽, 『聱漢集』 권4, 「院中節目」.

64) 孫起陽, 『聱漢集』 권4, 「佔畢金先生辨誣文」.

65) 道統 문제에 대해서는 손기양과 동향인으로 벼슬에 나아가지 않았던 재지사족 朴壽春도 깊은 관심을 가지고 있었다(졸고, 「17세기 밀양 재지사족 朴壽春의 향촌활동과 도통인식」『역사와 경계』 83 참조).

향촌의 유력 재지사족 중심으로 운영되고 있었다.

향교와 서원이 조선중기 향촌의 재지사족 활동의 주요 장이 된 것은 明淸 시기 紳士層의 활동과 유사하다고 할 수 있을 것이다. 명중기 이후 성행한 서원의 講會, 詩社, 文社, 同年 모임 등에 참석하는 벼슬 역임자인 紳과 향촌의 士人은 현실의 신분과 빈부 차이를 초월하여 서로 '同志'라 부르며 깊은 붕우적 정의를 나누고 있었다. 이들은 동향의식의 발로 혹은 혼인 관계를 통한 유대관계를 맺었다. 명중기 이후 紳과 士는 '紳士'로서 계층적 일체감을 가지게 되고 明末부터는 鄕紳公議, 士人公議 뿐 아니라 '紳士公議'가 형성되었다. 동류의식 발생의 결절점은 儒學 내의 孔子廟와 書院이 가장 두드러진 곳이었고, 그 중에서도 私學인 書院이 儒學보다도 더욱 효과적이었다.[67]

조선의 향촌사족들이 향교나 서원 같은 기구를 중심으로 鄕論과 정치적 公論을 형성하면서 여론을 주도하였던 점도 비교가 된다. 명청 시기의 鄕紳들은 국가권력에 대하여 향촌여론을 대변하기도 하면서 조정하는 역할도 하였다. 사료상의 '鄕紳公議', '士人公議', '紳士公議'는 향신들의 향촌여론 지배를 의미하는 것이었다.

밀양 재지사족 손기양은 16세기 후반의 宣祖代 이래 17세기 초반의 光海君代에 이르기까지의 계속된 文廟從祀 논의에도 깊은 관심을 가졌다.[68] 문묘종사 논의는 전쟁 이후 在地士族이 주도하는 향촌질서의 구축과도 연관된 문제였다. 그는 밀양의 士林을 대표하여 李朝

---

66) 『密州徵信錄』 권2, 「鄕校釋奠及儒案」.
67) 吳金成, 「紳士」『명청시대사회경제사』 참조.
68) 孫起陽, 『聱漢集』 권3, 「伸辨晦齋先生請從祀疏代士林」.

五賢의 한 사람인 李彦迪을 문묘에 종사해야할 당위성을 언급하였다. 전후 향촌사회 안정을 위한 차원에서 역시 鄕約의 실시와 같은 鄕禮와 家禮에 대해서도 적극 관심을 가지고 있었다. 손기양은 전쟁 직후 缶溪洞에서 宋代의 藍田鄕約에 따라 洞憲을 만들어 시행하기도 하였다.[69] 또한 그는 향촌의 풍속이 귀신을 숭상하는 현실을 극복하기 위해 사족들의 역할을 역설하였고, 재지사족의 깊은 관심사가 되고 있던 朱子家禮의 실천문제에 대해서도 적극적 관심을 가졌다.

5. 맺음말

이상에서 한국과 중국의 연구 성과를 중심으로, 조선시기 향촌사회 지배층인 在地士族과 明淸代의 지배층인 紳士層의 용어와 사족지배체제와 신사제도 및 향촌활동 내용 등을 개략적으로 비교 고찰해 보았다. 전근대 한국과 중국의 향촌지배층은 각기 다르게 불렸고, 등장의 시기도 차이가 있었지만, 중앙의 지방통치 원리의 하나로서의 역할과 성격은 대체로 비슷한 것이었음을 확인하게 된다. 아래 논의 내용을 요약하면서 양국 향촌지배층의 성격을 전망해 본다.

조선시기 향촌지배층은 영향력 행사 단위가 鄕村 단위였고 향촌의 지배층이 士族이므로, 在地士族이 가장 적절한 표현으로 보았다. 조선시대 향촌 在地士族은 여말선초 이후 在京에 대칭되는 지역적 범위의 在地와 吏族에 대칭되는 신분으로서의 士族을 지칭하였다. 중

---

69) 孫起陽, 『聱漢集』 권3, 「缶溪洞憲序」.

국의 향촌지배층의 용어는 다양하게 쓰이고 있으나, 관리가 되었던 士人과 관리가 되기 위해 준비하는 士人까지 포괄하는 의미로서 '紳士'라는 용어를 주목하였다. 紳士의 경우 鄕紳을 포괄하는 개념이면서 명청대 사회경제 발전과 함께 지방의 향촌에서 나름대로 영향력을 행사하면서 등장하는 여러 세력을 포괄할 수도 있는 용어이다.

양국의 향촌지배층의 출현과정은 과거와 학교제도 등이 결합되면서 많이 배출되는 등 유사한 모습이 많았고, 향촌에서의 활동 내용과 성격도 대부분 비슷하였다. 조선시기의 在地士族과 명청시기의 紳士層은 향촌사회의 지배층이었다. 조선과 중국의 향촌지배층은 각기 용어와 형성과정 및 존재양태는 서로 다르지만, 이들의 향촌에서의 역할과 향촌에서 지배층으로의 변천과정은 큰 틀에서 본질적으로 차이가 없었다. 조선은 16세기 중후반 경부터 그들 중심의 士族支配體制를 구축해 나갔다. 명청시기의 경우 紳士制度가 마련되어 중앙의 권력이 지방통치에 영향력을 행사하였다. 신사층의 紳權을 내용으로 한 신사제도는 중국 봉건사회 지방정치제도를 중요하게 조성하면서 皇權 통치의 기초를 보장하는 것이었다. 국가권력이 약화되는 상황 아래 향신권력에 의해 '鄕紳之治'가 생성된다는 논의도 있었다. 사족지배체제 아래의 在地士族은 어떠한 경우라도 守令權과 상호 조화를 이루며 지방통치제도의 한 부분을 이루었으나, 결코 수령권을 능가하지 못하였다. 중국의 紳權이 조선의 鄕權보다 상대적으로 크게 행사되었던 것으로 보인다.

양국의 향촌지배체제가 등장하는 시기는 다소 차이가 있었다. 중국의 경우 명대에 이미 紳士層이 등장하지만, 조선의 경우 16세기 중반에 土族의 법제적 성립이 이루어지고, 특히 임진왜란 중 의병활동을 전개한 계층과 그 후손들이 향촌의 지배계층으로 참여하면서 在地士族의 지위를 굳혀 나가게 된다. 명청대의 경우 전쟁과 관련한 향촌지배층의 변동을 찾아보기 어려웠다. 조선의 경우는 임진왜란은 향촌의 재지사족 동향에 큰 영향을 미쳤다. 在地士族과 紳士層의 향촌활동의 내용은 비슷한 부분이 많았다. 鄕校와 書院이 조선중기 향촌의 在地士族 활동의 주요 장이 된 것은 명청대에 신사층이 儒學과 書院을 매개로 활동하였던 것과 유사하다고 할 수 있다. 조선의 경우 鄕案 작성과 같은 것을 통하여 단일한 성씨집단이 아닌 여러 성씨가 하나의 지배집단으로 향촌을 지배하였다. 이들은 서원이나 향교, 향회나 향약 기구 등의 향촌지배기구를 통하여 향촌활동을 전개하였다. 재지사족 세력은 향론과 정치적 공론을 형성하면서 여론을 주도하였고, 명청대 신사층은 국가 권력에 대하여 향촌여론을 대변하는 조정자 역할을 하였다.

제2장

조선시기와 명청대의 鄕約 시행과 그 성격 비교

조선시기와 명청대의
鄕約 시행과 그 성격 비교

1. 머리말

鄕約은 기본적으로 儒者들이 경세사상을 실천적으로 펼치기 위한 전통사회의 民間自治組織으로 향촌사회 教化를 목적으로 만들어진 것이다. 향약은 중국 宋代 呂大鈞 형제에 의한 『呂氏鄕約』을 시작으로 하여, 朱子가 이를 增損하여 한 단계 발전시킨 『朱子增損呂氏鄕約』으로 발전된 후 점차 본격적으로 보급 전파된다.[1] 향약은 시대가 내려오면서 내용과 형식의 변화와 함께 조선과 일본 및 월남 등지에 전파된 동아시아 전통사회의 공동체 규칙과 조직으로 발전해 갔다.[2] 그런데 향약의 전파는 단순한 문화 교류의 양상으로 주목하기보다, 향약을 통한 전근대 향촌지배 방식이 동아시아 국가에서 어떠한 유

---

1) 이 글은 2014년 10월 18일 중국의 浙江大學에서 개최된 제14회 中國韓國學國際學術會議에서 발표한 것을 일부 수정·보완한 것이다.
2) 张中秋, 「乡约的诸属性及其文化原理认识」, 『南京大学学报』 2004年 第5期.

사성을 가지고 있었던가를 살피는 관점으로 주목되어야 한다. 향약에 대한 고찰은 전근대 향촌사회사에 대한 이해를 심화시킬 수 있는 주요한 과정이다. 따라서 한국과 중국의 향약 시행과 변천과정의 역사를 비교 고찰하는 것은 동아시아사로서 양국 역사의 同質性과 差別性을 이해하는 중요한 단서의 하나가 될 수 있을 것이다.3)

향약 이론사의 흐름을 보자면 중국의 경우 宋代에 시작되고, 明代에 이르러서 향약이 최고조로 발달하며, 清代의 향약은 그 성격이 크게 변질된 모습을 보여준다. 조선에서는 16세기에 들어서면서 朱子性理學의 정착과 함께 여씨향약을 증손한 『朱子增損呂氏鄉約』이 본격적으로 수용되고, 이후 이것이 조선적 향약으로 체계화되어 각 지방에 실시되기 시작한다. 조선에서의 향약 역시 시기가 내려오면서 중국과 마찬가지로 그 성격이 변질되어가는 과정을 거친다. 한국과 중국의 향약의 역사에 대한 연구 성과는 많다. 그러나 상호간의 연구 성과를 수용하면서 논의를 발전시켜나간 경우는 거의 없으며, 비교사적 연구는 사실상 전무한 편이다. 중국에서 도입된 향약이 조선사회에 어떻게 적용되고 변천하였는지를 살핀 일방적 측면의 연구가 몇 편 있을 뿐이다.4)

---

3) 필자는 이 같은 관점에서 朝鮮과 明清의 향촌지배층을 비교 고찰해 본바가 있으며(「조선시기 在地士族과 명청대 紳士에 대한 비교 고찰」, 『역사와 세계』 44, 효원사학회, 2013), 또한 양국의 鄉先生과 鄉賢에 대한 追崇 문화도 같은 관점에서 살펴 본 바가 있다(「朝鮮時期 鄉先生 追崇과 明清代 鄉賢 숭사의 비교 연구」, 제16회 중국한국학국제학술회의 발표, 上海 復旦大學, 2015.10.).

4) 국내 학자의 연구로 이근명, 「朱熹의 <增損呂氏鄉約>과 朝鮮社會 -朝鮮鄉約의 特性에 대한 檢討를 중심으로-」, 『中國學報』 45, 한국중국학회, 2002와 중국 학자들의 연구로 赵黄·范茨, 「朝鮮乡约初探」, 海师范大学, 硕士, 2011 등이 있

본 논문에서는 먼저 양국의 기존 연구 성과를 중심으로 향약 실시의 변천 과정과 변화 유형을 먼저 개괄하며 비교하고, 그 과정에서 나타난 향약 기능이 당초의 敎化型에서 양국의 시대 상황에 따라 行政組織的 성격을 갖는 향약으로 연변 되어 간 모습을 고찰한다. 다음으로 조선보다 앞섰던 명청대의 향약과 조선중기부터 본격 시행된 조선시기 향약을 그 내용과 성격을 중심으로 비교해서 살펴본다. 조선의 경우 특히 향약의 변천과정에 대한 조선후기 시계열적 흐름을 일정하게 보여주는 密陽 지역의 鄕約 시행 사례를 들어 비교 분석할 것이다.

2. 양국의 향약 변천과 기능

1) 향약 변천의 흐름

주지하듯이 향약은 중국에서 먼저 시행되었고 이후 향촌사회 지배세력이 주도하는 鄕禮의 하나로 발전한다. 향약 시행의 실질적 역사는 송대 이전부터 향약과 같은 성격의 것이 사실상 존재하였던 것으로 파악된다.[5] 향약의 역사는 크게는 唐末五代 시기의 社邑規約, 宋

다. 常建華는 동아시아사적 관점에서 朝鮮族譜 연구를 통하여 鄕約에 대해 일부 언급하고 있다(常建华, 「东亚社会比较与中国社会史研究」, 『天津社会科学』 2004年 第03期).

5) 祁晓庆, 「儒学教化中的民间结社 ―以社条, 乡约为中心的考察」, 『社会科学家』 2000年 第4期; 刘笃才, 「中国古代民间规约引论」, 『法学研究』 2006年 第1期; 张中秋, 앞의 논문, 2004.

明 시기의 鄕約, 명말청초의 民間慈善組織規約, 청대 말기 鄕規의 역사적 변천으로 나누기도 한다.[6] 祁曉慶은 향약 변천의 흐름을 "社"라는 민간조직의 自發性의 발전에서 統制로 점차 변화해 나가면서, 唐 말기부터 오대까지의 私社, 北宋代 呂氏鄕約, 元代의 鄕社를 중심으로 발전하고, 점차 官治로 변화해 나갈 조짐을 가지고 있었다[7]고 한다.

조선의 경우 향약은 조선 건국 이후 중국으로부터 수용되어 시행되었다. 향약의 본격적인 시행은 16세기부터이지만, 그 이전에도 향약과 같은 성격의 조직들이 존재하였던 것으로 볼 수 있다. 향약 도입의 시초는 조선 초기 性理學을 본격적으로 수용하면서 들여온 『小學』에 呂氏鄕約의 내용이 실려 있는 것에서 시작되었다. 그러나 아직은 일부 내용이 단순하게 소개되는 수준이었던 것으로 보인다.[8] 鄕飮酒禮와 鄕射禮와 같은 향례는 15세기부터 부분적으로 시행되고 있었음에 비해, 대표적인 향례의 하나인 鄕約은 제대로 시행되지 못하고 있었다.[9] 향촌의 민간자치 규약인 향약은 16세기 이래 鄕禮의 주요 사항으로 인식되면서 성리학적 사회질서의 확립과 함께 비로소 시행되었다.

양국의 향약은 시대적 상황에 따라 전변되어 왔다. 明淸代의 향약

---

6) 刘笃才, 위의 논문, 2006 참조.

7) 祁曉庆, 앞의 논문, 2000 참조.

8) 金宗直의 문인 金用石이 무오사화를 피해 태백산에 들어가 朱文公의 故事에 의거하여 鄕約을 만들고 小學을 강론하였다는 사례에서처럼, 향약은 이미 16세기 이전에 소개되고 있음을 알 수 있다(金宗直, 『佔畢齋集』附錄, 「門人錄」).

9) 高英津, 「조선 중기 鄕禮에 대한 인식의 변화」, 『國史館論叢』81, 국사편찬위원회, 1998.

은 시기별로 발전 양상이 다르게 전개되었다. 먼저 명대는 송대에 비해 향약 발전의 전성기라 할 수 있다. 명대의 黃佐(1490~1566), 章潢(1527~1608), 呂坤(1536~1618), 劉宗周(1578~1645), 陸世儀(1611~1672) 등과 같은 당대 저명한 유학자들이 이전 시기의 향약 발전의 성과에 자신들의 사회정치 이념을 결합시켰으며, 향약은 보갑제와 社倉制 및 社學 등과 결합되면서 이전과 다른 새로운 모습의 향약 이론으로 발전하였다.[10] 이들에 의한 향약이론의 진전은 조선에서 16세기 李滉, 李珥 등 당대 최고 유학자들에 의해 향약의 내용이 변화되고 발전되었던 흐름과 마찬가지라 할 수 있을 것이다. 향약 시행의 범위는 일부 지역에 한정된 區域性의 향약에서 全國性 차원의 향약으로 확산되었다. 향약의 성격은 民間性的인 것에서 官方性의 것으로 서서히 바뀌어 나갔다.[11] 그 결과로 향약의 자발성적인 민간조직이 官治的인 도구로 점차 바뀌면서 官에 의하여 조종되기 시작하고 폐단도 종종 발생하였다.

청대에 시행된 향약은 명대 향약의 성격에 비한다면 일종의 후퇴와 같다. 이론상으로 청대 향약은 거의 새로운 것이 없었다. 청대 理學의 대가이자 '天下第一淸官'[12]으로 칭해졌던 張伯行(1651~1725)이 社倉法을 중심으로 하면서 鄕約, 保甲을 겸행하는 것을 주장하였던 것은 다소 새로운 점이기는 하였지만, 향약 실천의 생산에 대하여 어떠한 영향이 없었다. 청대의 이같은 종류의 향약교화는 空洞的이

---

10) 董建輝,『明淸鄕約: 理論演進与实践发展』第3章, 夏門大學出版社, 2008.
11) 卞利,『明淸徽州社会研究』, 安徽大学出版社, 2004.
12) 黃启昌,「"天下第一淸官"张伯行」,『文史博览』2005年 第23期.

며 形式主義的인 것으로 되고, 최종적으로 명대의 향약은 거의 사라지면서 사실상 官治의 도구로 점차 변화하였다. 그러나 향약을 실시하는 데 있어 폐단으로 나타나는 것은 명대가 더욱 심하였다.

조선에서는 16세기 전반 鄕約 도입 이후 향촌사회에서 士族支配體制의 구축과 함께 17세기 중반까지 향약이 본격적으로 발전해 나간다. 그러나 17세기 후반 이후 향촌에서 사족의 영향력이 제한적으로 작용되는 것과 함께 향약은 새로운 이론적 발전이 없이 官治 도구의 하나로 점차 성격이 변화되어 나가게 되었는데, 이러한 흐름은 중국과 별로 크게 다를 바 없는 것이라 할 수 있을 것이다. 큰 흐름에서 명청대 향약은 여씨향약의 발전궤도를 벗어나 민중을 통치하는 기구로 성격의 변화를 가져오고, 여씨향약이 가지고 있던 民間性과 自治性이 점점 줄어들면서 향약의 지위가 점점 하락하고 향약의 長은 官役化 되었다.[13] 그러나 관역화 되었다고 하여 향약의 자치적 기능이 모두 소멸된 것은 물론 아니다. 이러한 흐름은 조선의 경우도 중국과 비교해서 큰 차이가 없었다.

조선에서 향약 시행은 朱子性理學이 정착되는 16세기 전반 中宗代의 鄕約普及運動에서 비로소 시작된다. 1517년 경상감사 金安國이 朱子가 증손한 증손여씨향약을 諺解하여 刊印하였던 이 시기의 향약보급은 사림파 세력이 향촌의 鄕員까지 장악하고자 하는 목적에서 시작되었다. 그러나 士禍를 계기로 사림 세력이 탄압을 받은 후 한동안 부활하지 못하였다. 그러다가 16세기 후반 이르면 性理學에

---

13) 董建輝, 앞의 책, 2008 참조.

대한 이해의 심화와 朱子鄕約에 바탕을 둔 朝鮮的인 鄕約의 모습이 전면에 드러나게 된다. 이는 주자 性理學에 대한 이해가 보다 심화되어간 사상사적 흐름과 상응하는 현상이었다.

16세기 후반의 향약은 앞 시기 향약보급운동자들의 급진성을 탈피함으로써 체제유지 내에서의 개선이라는 방향으로 성격이 변모해가고 있었다.[14] 조선에서 향약의 시행은 그 도입 단계에서부터 중앙정부의 논의 과정을 거치고 있으며, 향약의 시행 과정에 국가권력 혹은 관아의 직간접적 개입이 지속적으로 행하여졌다. 16세기 前半 中宗代 향약의 또 다른 특징은 향약 기구에 강력한 처벌권이 부여되었고, 선행과 과실에 대한 강력한 상벌조항을 두었던 점이다.[15]

17세기 전반기의 향약은 1643년 실시된 咸興府鄕約[16]과 1648년 실시된 密陽鄕約을 통해 볼 때 향약의 自治的 기능이 여전히 있었지만, 전반적으로 그 기능이 축소되어 가고 있었다.[17] 향약의 직임에 대한 선출권 및 約法 제정권 등은 여전히 사족들이 보유하고 있었지만, 시간이 지나면서 점차 이들의 영향력은 약화되었다. 17세기 후반 이후로는 수령권의 우위가 확보되면서 향약의 자치력은 축소되고, 官權의 개입이 점점 늘어남에 따라 향약은 수령의 정령을 반포하거

14) 한상권,「16·17세기 鄕約의 機構와 性格」,『震檀學報』58, 진단학회, 1984.
15) 이근명, 앞의 논문, 2002.
16) 1643년(인조 22) 함경도관찰사 金世濂이 실시한 향약으로 明太祖六諭를 가미한 점에서 독특하지만, 조직 체계의 측면에서는 玄風縣 향약과 거의 동일하였다 (한상권, 앞의 논문, 1984).
17) 崔虎,「조선후기 밀양의 士族과 鄕約」,『조선후기 향약연구』(향촌사회사연구회 편), 민음사, 1990; 졸고,「임진왜란 전후 밀양 재지사족의 동향」,『역사와 현실』55, 한국역사연구회, 2005.

나 賦稅責納機構로의 성격적 변화 조짐을 보이기 시작하였다. 그러면서도 향약기구에 대한 관권의 침탈을 배제할 수 있도록 하는 수령의 적극적인 보호 자세도 일정하게 견지되고 있었다.[18] 다시 말해 民間自治機構로서의 향약 본래의 성격은 17세기 후반 이후 크게 달라지면서, 향약은 地方守令의 하부 행정기구의 하나로 편입되기 시작한 것이다. 그런데 이 시기 朝鮮의 鄕約 내용에 明太祖가 내린 六諭[19]의 일부가 보이고 있는 것은 明代의 鄕約이 수용되었음을 말해준다.

조선시기의 향약은 시행주체와 규모 및 지역 등에 따라 鄕規, 一鄕約束, 鄕立約條, 鄕憲, 面約, 洞約, 洞契, 洞規, 村約, 村契, 里約, 里社契 등 다양한 명칭으로 불렀다. 그런데 여기서 鄕規가 鄕約의 성격과 같은 것인가에 대해 연구자들에 따라 견해가 달랐다. 조선의 경우 향약과 향규의 성격을 완전히 다르게 보는 견해와[20] 경우에 따라 향약과 향규가 같은 성격을 가진다는 견해가[21] 있다. 대체로 조선중기 사족들의 향촌 자치조직으로서 성격이 강하면 鄕約이라 하였다.[22]

---

18) 한상권, 앞의 논문, 1984 참조.
19) 明太祖는 六諭는 '孝順父母, 尊敬長上, 和睦乡里, 教训子孙, 各安生理, 毋作非为'를 말한다. 이에 대해서는 陈时龙, 「圣谕的演绎 : 明代士大夫对太祖六谕的诠释」, 『安徽师范大学学报:人文社会科学版』 第43卷第5期, 2015를 참조할 수 있다.
20) 金龍德, 「鄕約과 鄕規」, 『韓國史論』 8, 국사편찬위원회, 1980; 「鄕規研究」, 『韓國史研究』 54, 한국사연구회, 1986.
21) 정진영, 「16세기 향촌문제와 재지사족의 대응 -'禮安鄕約'을 중심으로-」, 『민족문화논총』 7, 영남대학교 민족문화연구소, 1986.
22) 김현영, 「사족지배체제와 지방지배」, 『조선은 지방을 어떻게 지배했는가』, 아카넷, 2000.

중국의 경우 역시 오랫동안 鄕約과 鄕規에 대해 개념상의 혼란이 있었으나, 최근 대표적인 향약 연구자의 한 사람인 董建輝가 鄕約과 鄕規를 구분하면서 鄕約은 鄕規民約과 같지 않다는 사실을 명확히 주장하였다.23) 그는 鄕規民約은 기층 사회조직의 성원이 공동으로 제정한 것으로 모두가 함께 공동으로 준수하는 사회 行爲規範이며, 향약은 향촌사회 가운데 사회교화를 주요 목적으로 한 일종의 民間 基層組織 형식이라 하였다. 또한 鄕規民約과 鄕約 사이의 함의는 같지 않을 뿐 아니라 그 역사 발전의 경로도 같지 않음을 말하고 양자를 같이 인식해서는 안 된다고 하였다.

2) 향약 기능의 변화

민간자치 조직으로서 향약은 앞서 언급하였듯이 중국에서 먼저 시행되었다. 향약 기능은 시기가 내려오면서 국가가 지방을 어떻게 지배하느냐의 문제와 늘 연관되면서 변화하였다. 양국의 향촌 통치질서의 근본 원리와 성격은 물론 방식과 시기상에서 차이가 있었지만, 대체로 비슷하였다. 국가 권력이 지방의 향촌에까지 이르는 권력 행사의 방식은 시기와 장소의 상황에 따라 각기 차이가 있었다. 明淸代 향촌통치의 근간은 里甲制, 里老人制, 鄕約, 保甲制 등이었고,24) 조

---

23) 董建輝, 「"乡约"不等于"乡规民约"」, 『厦门大学学报(哲学社会科学版)』 2006
年 第2期.
24) 송정수, 「明淸時代 鄕村社會와 鄕村支配 -鄕約·保甲制의 形成과 施行過程을 중
심으로」, 『전북사학』 21·22, 전북사학회, 1999.

선의 지방 통치는 郡縣制, 面里制, 留鄕所, 鄕約, 鄕校와 書院, 鄕案 등의 향촌지배기구에[25] 의하여 이루어졌다. 이 가운데 鄕約은 양국 모두 향촌통치에서 가장 공통적인 부분이고 중요한 의미를 차지하고 있으면서 기능이 점차 변화하였다.

조선의 향촌 在地士族과 중국의 명청대 紳士 계층이 중심이 된[26] 민간자치조직으로서 향약 기능은 시기가 내려올수록 점차 변화되었다. 향약은 조직과 시행과정에 지방 관부와 국가의 개입이 점점 증대하면서, 향약 기능은 敎化 조직에서 行政 조직으로서 점차 변화하였다. 이러한 변화는 양국 모두 변화의 구체적 시점과 모습에서 차이가 있었지만, 그 본질에서는 큰 차이가 없었다. 중국의 경우 향약 내용과 시행을 뒷받침하는 行政的 제도로서 保甲制가 있다고 한다면, 조선의 경우 역시 鄕約 실시와 연동되었던 面里制가 존재하고 있었다. 保甲制와 面里制는 향약 시행을 위한 기본 틀로서 역할을 하였다.

조선에서는 임진왜란을 계기로 조선전기의 面里 편제와 재지사족에 의한 향촌 운영 질서가 크게 변동하게 된다. 대체로 17세기 이전의 面里는 계통화 된 행정편제라기 보다 수개의 자연 촌락이 대촌에 부수된 형태로 광역의 里가 설정되어 있었다. 이러한 자연촌들은 점차 분화하여 성장하다가 임진왜란으로 인하여 자연촌 발전이 일시적으로 둔화되었다. 그러나 기존의 면리제는 국가와 재지세력들의 民

---

25) 김현영, 앞의 논문, 2000 참조.
26) 조선과 중국의 경우 향촌지배층에 대한 용어와 그 성격의 비교에 대해서는 졸고, 앞의 논문(2013)을 참조하기 바란다. 조선의 경우는 17세기 儒鄕分岐 이후 재지사족은 士族과 鄕族으로 분기가 되면서 民間의 구성에서 변화를 가져 온다. 이에 대해서는 김현영, 앞의 논문, 2000을 참조하기 바란다.

에 대한 적극적 安集策을 바탕으로 17세기 중반부터 새로운 面里로 편제되면서 이행되었다.27) 17세기 이후 향약은 이같이 면리制 시행과 밀접하게 연결되면서 시행되었다. 국가의 강력한 촌락지배 의지가 관철되면서 새로운 면리제의 정비가 확산되고 향약의 기능도 변화하였다. 자연촌락이 행정 말단의 里로 독립하고 이들 里를 관장하는 面의 기능이 강화되면서, 외견상으로도 面을 통한 국가권력의 郡縣 내부로의 침투가 용이해졌다. 이 시기 향약 기능은 새로이 편제된 面里制를 바탕으로 재지사족과 수령이 함께 향촌교화를 하는 형태로 변화하고 있었다.

향촌사회에서 향약 실시를 통한 교화의 핵심 내용은 儒教 이념의 확산이었고, 유교적 방식에 의해 교화가 이루어졌다. 17세기 조선의 경우 性理學을 이념으로 하고 있던 在地士族들에게 있어서, 鄕村民들에 대한 性理學的 생활 이념의 교화가 매우 중요하였다. 교화를 위한 장치는 여러 가지였지만, 향촌 전체 단위에서 일반 民에까지 아우르는 조직으로 鄕約이 가장 중요한 위치를 차지하고 있었다. 明淸代 향약도 역시 향촌사회를 유교적 방향으로 교화하는 데 있어서 매우 중요한 장치였다. 특히 유교적 교화를 중시한 청조의 통치자는 향약의 조직과 제도를 건설하는 데 매우 적극적이었고, 지방관도 향약 교화의 지방화를 적극 추진하였다.28)

향약시행에서 중요한 것은 시행 주체가 누구인가이다. 기본적으로

---

27) 오영교, 『朝鮮後期 鄕村支配政策 硏究』, 혜안, 2001, 145쪽.
28) 段自成, 「论清代的乡村儒学教化──以清代乡约为中心」, 『孔子研究』 2009年 第2期.

주체는 民間과 官府의 長으로 나누어졌는데, 17세기 단계 밀양의 향약은 입의 제정과정에서 당시 밀양부사 姜大遂(1591~1658)가 큰 역할을 하였다.[29) 그러면서도 실질적 시행의 주체는 아직 재지사족들이 중심이었지만, 동시에 官府의 협조를 받아나갔다. 중국의 경우 향약은 기본적으로 民治體系였지만, 점차 半公半私로 변화하면서 중앙과 지방, 상층과 민중의 仲介的 기능으로서 모습을 보였다. 전체적으로 향약 시행 주체는 시기에 따라 변전되었다.

양국은 향약을 통한 사회 통제 기능과 그 작동 방식의 시기에서 다소 차이가 있었다. 조선의 경우 17세기를 경과하면서 18세기 이후에는 향약이 점차 향촌사회를 통제하는 수단으로 기능화 되었다. 조선 후기 향촌사회에서 향약 기능은 전반적으로 관주도 방식의 鄕村統制策과 흐름을 같이 해 나가게 된다. 중국의 경우도 향약이 官治行政 기구화 되어 가고 향약의 기능이 지방사회를 통제하는 중요 정책 수단의 하나로 변화되어 간 것은 조선과 마찬가지 흐름이었다. 물론 향약 기능 변화의 흐름에서 시기적으로 상호 차이는 당연히 있었다. 전체적으로 양국의 향약 기능 변화의 가장 큰 공통점은 국가 권력이 지방 지배를 위하여 향약 시행 과정에 직접적으로 개입하기 시작하였다는 점이다.

---

29) 『密州徵信錄』 권2, 「戊子鄕約立議」.

3. 양국의 향약 시행과 성격

1) 명청대 향약 시행

명초기의 향촌지배는 향촌의 共同體 기능을 전제로 성립한 里甲制를 바탕으로 이루어졌다.[30] 향촌사회의 里甲 조직은 稅役 징수와 村落自治의 행정단위로서 조선 전기에 성립된 面里制 질서와 유사한 것이라 할 수 있다. 명조는 기존의 촌락자치적 기능의 里長, 里老人 등의 지배력을 이갑제 조직에 끌어 들여 향촌지배체제를 유지하였다. 그러나 명 중기 이후의 빠른 사회경제 변동으로 均分均役 이념의 이갑제 질서가 향촌지배 질서 유지의 모순으로 작용하고, 농민들은 계급 분화가 가속화되면서 항조운동을 전개하는 등 향촌지배질서가 혼란스러워진다. 그래서 명조는 향촌의 치안질서 유지를 위해 자경조직으로 치안전투 조직인 總小甲制를 설치 운영하고, 동시에 향촌 교화를 위해 里老人[31]이 담당해온 것보다 조직적인 鄕約 시행을 본격적으로 강구하였다. 명대 중기 이후 里甲制가 기능을 다하지 못하는 가운데 향촌지배 세력으로 새롭게 등장한 紳士層과의 상호의존적 구조 속에서, 鄕約·保甲制가 향촌질서의 안정책으로 강구되기 시작한 것이다. 명말 동란기에 이르러서는 향약과 보갑제의 필요성이 더해 가면서, 향약·보갑제는 향촌질서 유지책으로 더욱 요구되어 갔다.

---

30) 明淸代 향약 시행의 역사적 흐름의 전반에 대해서는 송정수, 앞의 논문, 1999를 주로 참조함.

31) 里老人制는 조선의 留鄕所 조직과 유사한 성격의 제도라 할 수 있을 것이다.

明朝 후기의 鄕約으로 王守仁[王陽明, 1472~1528]이 실시하였던 南贛鄕約이 주목된다.[32] 남감향약은 1村을 1約으로 하여 約 중에서 나이가 많고 德이 있는 자를 約長과 約副로 삼아 이들 주관 아래 매월 望日에 約所에 모여 선행을 표창하고 惡을 규찰하는 것이었다. 또한 남감향약은 여씨향약의 德業相勸·過失相規·禮俗相敎·患難相恤의 4대 강령을 근거로 하면서도 明太祖의 '六諭'를 중심 강령으로 삼았다는 점에서, 민간자치적 성격의 조직에서 官主導의 교화조직으로 향약의 성격이 변모하고 있음을 볼 수 있다. 남감향약은 이후 향약 시행의 모범이 되어 각 지방관에 의하여 폭 넓게 채택되었으며,[33] 王守仁의 문도들에 의하여 중국의 많은 지역에 확산되면서 명대 후기 각 지역의 기층사회에 중요한 영향을 끼쳤다.[34] 향약의 성격도 점차 변화하였다. 正德年間(1506~1521)의 새로운 변화로써, 종전에 呂氏鄕約의 4대 강령이 주된 내용으로 강조되었던 민간자치적 기능의 향약이 명 태조가 내린 六諭를 강조하는 비중이 커져 가면서 官治補助的 성격의 향약으로 점차 바뀌어 나갔다. 鄕約은 保甲과의 일체화된 조직으로서 정형화되어간 것이다.[35]

---

32) 黃挺,「≪南贛乡约≫在潮州的施行」,『韓山师范学院学报』2013年 第4期.

33) 王守仁이 실시한 향약이 모범이 되어 확산된 것은 주자향약을 수용하여 '조선적 향약'으로 변용시킨 李滉과 李珥의 향약이 16세기 후반 이후 확대 발전되어 간 것과 같은 맥락에서 비유할 수 있다. 조선적 향약의 발전에 대해서는 정진영, 「조선시대 성리학적 향촌자치제의 전개와 추이」,『韓國儒學思想大系』IX(社會思想編), 한국국학연구원, 2007을 참조할 수 있다.

34) 董建輝, 앞의 책, 2008 참조.

35) 鄕約保甲制 추진은 紳士層의 협조를 필요로 하고, 신사층의 사적 지배 강화 움직임은 지방관과 상반된 이해 관계를 가진다. 명말 동란기에 있어서 향약과 보갑제의 조직과 운용은 표면적으로 관주도에 의해 시행되면서도 실제상에서는

清朝에 들어서면서 鄕約保甲制는 제도적으로 확립된다. 그러나 청대 초기에는 명조부터 향촌방위 역할을 지녔던 기존의 保甲이 청조에 부담으로 작용되었던 데 비해, 향촌교화를 주 임무로 한 향약의 시행은 부담이 적어 오히려 점령지를 안정시키는 데 절대적으로 필요한 것으로 점차 부각된다. 따라서 청조는 保甲制 시행과는 달리 향약에 대한 정책을 더 적극적으로 수립하게 된다. 鄕約과 保甲은 청대 각지에 보편적으로 설치한 종합 관리 조직이지만, 향약은 보갑제에 대한 領導 작용을 하였다.36) 향약은 보갑에 앞서 일찍 성문화 되어 관주도 아래 전국에 걸쳐 시행되었으며, 그 내용에 있어서도 이제 六諭가 중심 강령이 되었다. 朝鮮의 경우 향약은 17세기 단계 面里制의 정비에 앞서 조직된 것이지만, 시기가 내려 갈수록 守令權으로 상징되는 국가권력이 鄕約보다 面里制를 기본 매개로 郡縣 내부에 침투하였다. 조선의 鄕約이 주도적 입장에서 面里制를 완전히 領導하지는 못하였다는 점에서 청대 향약과 차이가 있었다.

清朝가 안정되면서 통치자들은 향촌사회의 儒敎的 교화를 매우 중시하면서 향약의 조직과 제도를 건설하는데 적극적이었다.37) 康熙年間에 향약과 보갑제 운용의 내용과 형식이 새롭게 보강 발전된다. 康熙 9년(1670)에 반포된 聖諭十六條가 명태조의 六諭를 대신한 향

각 지방의 신사, 부호, 지주들에 의해 광범위하게 주도되는 경향을 가지기도 한다(송정수, 앞의 논문, 1999).

36) 段自成, 「略论清代乡约领导保甲的体制」, 『郑州大学学报(哲学社会科学版)』第31卷 第4期, 1998.

37) 段自成, 「论清代的乡村儒学教化──以清代乡约为中心」, 『孔子研究』 2009年 第2期.

약의 중심 내용이 되면서, 淸朝 나름의 독자적 향약을 갖추게 된 것이다. 保甲制 역시 향약보다는 늦었지만 康熙帝 시기에 그 제도적 확립을 이루게 되었다.[38] 이로써 里甲制와 里老人制를 대신하여 鄕約과 保甲制가 향촌지배제도로 정착한 것이다.

18세기 雍正帝와 乾隆帝 시기의 향약과 보갑제는 향촌질서 안정을 위해 조직의 필요성이 강조되면서 그 내용의 보강작업이 계속되었다. 향약은 聖諭廣訓[39]을 마련하여 강독하게 하고, 강독 형식도 새로 정해졌다. 講約所를 설치하여 約正과 直月을 뽑아 매월 朔望에 향촌의 耆老와 讀書人 등에게 聖諭廣訓을 講解하면, 이들이 향촌에 돌아가 향촌 民에게 취지를 설명하였다. 이 부분에 이르면서 향약은 본래의 촌락자치적인 성격은 거의 찾아볼 수 없게 된다. 향약은 聖諭講解의 전파를 위한 것으로 변화하고,[40] 일방적 官主導 향약으로 시행되어 갔다.[41] 조선후기에 재지사족의 역할이 축소되고 官主導의 향촌사회 통제책[42]이 실시 되어간 흐름과 사실상 같은 것이라 볼 수 있겠다. 건륭제 연간에도 기존 향약시행 방침이 그대로 계승되었는데,

---

38) 康熙 20년(1681)에 三藩의 난을 평정하고, 鄭氏勢力의 항복으로 중국 지배에 자신감을 가지면서 鄕兵 기능까지 가지는 保甲制를 적극적으로 시행하고, 康熙 47년(1708) 전국에 걸친 保甲制 시행령을 내린다.

39) 淸代의 '聖經'으로 칭해지기도 한 도덕교화를 위한 문헌인 聖諭廣訓의 전파는 향약의 강약소 외 文本 자체의 流傳, 학교 교육, 과거시험 관련 규정 등의 방식으로 이루어졌다. 이에 대해서는 雷伟平, 「≪圣谕广训≫传播研究」, 华东师范大学, 硕士, 2007을 참조할 수 있다.

40) 聖諭講解의 전파는 청대의 鄕約을 칭하여 '講約'이라고 부르는 이유가 되었다.

41) 송정수, 「향촌조직」, 『명청시대사회경제사』, 이산, 2007.

42) 김인걸, 「朝鮮後期 鄕村社會構造의 變動」, 『변태섭박사화갑기념사학논총』, 삼영사, 1985.

건륭제는 불시 순행하면서 엄격하게 향약을 시행하도록 하였다. 향약의 시행폭도 크게 넓어지고, 約正과 直月에게는 差役을 면제시켜주는 정책을 시행하였다. 그런데 향약 시행이 청조의 의지대로 순조롭게 이루어졌는지는 의문이었지만, 부실함을 알면서도 향약 시행을 포기하지는 않았다.

明朝부터 시작된 鄕約과 保甲制의 결합관계가 청대 말기까지 계속된 것은 조선의 향약시행과 관련이 있는 面里制가 조선후기까지 이어지는 것과 같은 동질적 성격의 것이라 할 수 있을 것이다. 조선은 새로운 면리편제로 향촌지배정책이 시행되더라도 향촌내 자율적 질서의 재편과 지배가 중요하였다. 그래서 수령들은 대응방안의 하나로서 면리기구의 운영 담당층에게 鄕風 교화의 업무를 부여하였다. 그러나 면리제는 재지사족의 사적 기구인 향약과 대비되는 측면이 있었다. 향약기구의 직임인 約正과 直月은 행정기구의 직임인 面任과 洞任과의 사이에 일정한 차별성이 있었다.[43]

요컨대, 明淸 시기 향약은 송대 呂氏鄕約의 발전 궤도를 벗어나 정부가 民을 통치하는 기구로 성격이 변화하였고, 여씨향약이 가지고 있던 民間性과 自治性이 점점 줄어들었다. 이로써 향약의 민간자치적 지위가 점점 낮아지면서 향약의 約長은 官役化 되고, 향약의 폐단은 날로 엄중해지면서 교화의 효과는 매번 떨어졌다. 결국 청대의 향약은 명대의 향약에 비해 이론상의 새로운 것이 없는 하나의 '후퇴'였다.[44]

43) 오영교, 앞의 책, 143쪽.
44) 董建輝, 『明淸乡約: 理论演进与实践发展』, 夏門大學出版社, 2008.

2) 조선시기 향약 시행

조선에서의 향약은 앞서 보았듯이 16세기 전반 中宗代 처음으로 시행되었으며,[45] 16세기 후반의 선조대에 이르러 조선사회의 특성에 맞추어 수용한 '朝鮮的 鄕約'으로 시행되기 시작한다. 중종대 김안국에 의하여 전국적 차원으로 확대 시행된 향약은 주자가 呂氏鄕約을 증손하여 만든 향약이었다. 그렇지만 중국 宋代 朱子까지의 향약은 민간 자치적 성격을 가지고 있었지만,[46] 이를 수용하여 조선에서 시행된 향약은 관권이 직접 개입한 명청대 방식의 官府型 혹은 官主導型 향약으로서 성격을 가지고 있었다. 향약이 수용되는 시점에서 이의 보급과 실시에는 사림과 관료들뿐 아니라 중종 임금도 적극적으로 관여하였다.

관주도형 향약은 선조대 성리학의 이해를 바탕으로 朱子增損呂氏鄕約을 조선의 실정에 맞추어 일부 수정하여 시행되면서 변화 되어 간다. 향약의 시행 규모와 단위는 일국적 차원에서 각 고을 단위로 전환되어 간 특성을 보였다. 이 부분 명대에 들어와 일부 지역의 제한된 단위에서 점차 전국적 차원의 향약으로 확산되어 간 것과 차별성을 보인다. 16세기 후반부터 조선후기까지의 향약 시행의 규모는 일향을 단위로 지역 사정에 맞게 실시되어 갔다. 여기에서는 密陽이라는 특정한 지역의 향약 변천 과정을 통해 조선시기 향약 시행의 성

---

45) 16세기 전반 단계의 향약에 대해서는 윤인숙, 「16세기 전반의 향약의 성격과 이해 -'소학실천자들'의 향약론을 중심으로-」, 『한국사상사학』 39, 한국사상사학회, 2011 참조.
46) 卞利, 『明清徽州社会研究』, 安徽大学出版社, 2004.

격을 살피면서, 동시에 이를 명청대 향약 시행의 성격과 비교해 본다.

密陽鄕約은 영남의 각급 향촌에 폭넓은 영향을 미친 李滉이 주도한 禮安鄕約[47])의 영향을 받았다. 밀양에서는 17세기 초반부터 19세기 말까지 향약이 실시되었는데, 명청대에 실시된 향약의 전반적인 성격 변화의 흐름과 잘 대비되는 모습을 보인다.[48] 크게 보아 민간자치적 敎化型 향약에서 관부의 개입이 점점 높아지는 형태의 관부형 향약으로 변화하였다. 전체적으로 조선의 향약은 도입 시기의 차이도 있지만, 그 성격 변화가 중국에 비하여 늦은 편이다. 밀양의 향약 시행은 임진왜란 이전부터 이루어졌던 것으로 보인다. 그러나 구체적으로 확인되는 것은 임진왜란 직후 17세기 초반부터이다.[49] 1613년 중창한 鄕祠堂에 鄕憲과 鄕約册을 정비하여 보관하였다는 기록을 미루어 볼 때, 향약이 계속 시행되어 왔음을 알 수 있다.[50] 그러나 이때의 향약 시행의 내용은 남아 있지 않아 구체적 성격은 제대로 파악하기 힘들다. 다만 밀양의 대표적 재지사족의 한 사람인 朴壽春이 白鹿洞 洞規와 呂氏鄕約의 내용을 생도들에게 보여주었던 사실을 보면,[51] 이 시점의 밀양향약은 대체적으로 교화형 향약의 성격과 재지

---

47) 朱子鄕約이 4개의 綱目과 讀約禮로 구성되었으나 禮安鄕約은 規制를 필요로 하는 條目을 세 가지로 분류하고, 極罰·中罰·下罰로 구분하였으며 이를 다시 上·中·下로 세분하였다(정진영, 앞의 논문, 1986).

48) 최호, 앞의 논문(1990)에서도 조선후기까지 밀양향약 시행의 흐름에 대해 간략하게 서술되어 있다.

49) 1648년 이전의 향약 시행 사실을 엿볼 수 있는 것은 『密州舊誌』의 "鄕社堂在西門外 壬辰亂蕩盡 萬曆癸丑重創五間于衙舍西南 座首一員別監三員 鄕憲及鄕約册 鄕約天啓癸亥府使邊瀹所設"이라는 기사로써 짐작된다.

50) 졸고, 앞의 논문, 2005 참조.

51) 졸고, 「17세기 밀양 재지사족 朴壽春의 향촌활동과 도통인식」, 『역사와 경계』

사족 중심으로 운영되는 민간자치적 성격을 함께 가지고 있었던 것으로 볼 수 있을 것이다.

17세기 중엽의 밀양향약의 내용은 「仁祖戊子節目」[52]으로 남겨진 자료에 풍부하게 기록되어 있다. 이 향약은 金圻鄕約[53]을 그대로 가져온 것에서 18條를 입의 제정하여 첨가한 것으로, 재지사족들이 주도하고 밀양의 官府가 격려하면서 협조하는 방식으로 시행되었다. 밀양부사 강대수가 鄕約을 立議하면서, "이제 전후에 비해 경제적 형편이 훨씬 좋아져 교화를 펼칠 시기가 되었으니 향약 시행을 勉勵 한다"한 것처럼, 17세기의 밀양향약은 아직 교화의 기능이 일차적이었다. 이 시기는 향촌에서 사족지배체제가 거의 완전히 자리 잡은 시기로서, 향촌사회의 안정성이 높아졌기 때문에 교화 행정이 중심이 되었다.

향약의 시행은 17세기 이후 일부 재편된 재지사족 중심으로 이루어졌으며, 주도 세력의 성격은 面里制와 연결된 鄕約 조직을 통하여 알 수 있다.[54] 향약 조직은 총책임자 都約正과 각 면의 책임자 約正과 直月 등으로 이루어져 있었다. 도약정은 당시 밀양 향촌사회의 향

83, 부산경남사학회, 2012.

52) 『密州徵信錄』卷2, 鄕約, 「仁祖戊子節目」.

53) 1602년 작성된 金圻鄕約은 朱子의 四綱目을 기초로 하여 퇴계의 罰條와 고유의 상규인 吉凶吊慶, 患難相求, 春秋講信을 결합하였고, 과실상규에서 上人約條와 下人約條로 구분한다. 사족 집단의 이익만 독점한 것에 대한 반성하고 하층민에 대한 새로운 인식, 합리적 지배체제 안정, 사족들의 절제와 자각이 반영된 향약이다(金龍德, 「金圻鄕約 연구」, 『조선후기 향약연구』, 민음사, 1990). 영남지역의 향약은 퇴계향약보다 오히려 1602년에 작성된 김기향약을 전범으로 한다.

54) 밀양의 면리편제와 관계된 향약 조직에 대해서는 졸고, 앞의 논문, 2005을 주로 참조하였다.

론을 주도하고 있던 몇 문중 가운데 하나인 碧津李氏 문중의 재지사족 李繼胤이었다.[55] 도약정은 각 면의 約正을 향교나 향청에 소집하는 등 향내 문제를 주도하는 위치에 있었다.[56] 밀양의 11개 面의 約正들도 대체로 향촌사회를 주도하는 가문에 소속된 재지사족이었다.[57] 약정 아래의 실무적 위치의 사람도 재지사족들이었다. 수령은 面 단위로 면임을 별도로 임명하였다. 面 이하 조직으로는 하인 가운데 里正, 行首를 두도록 되어 있었다. 직임 명단에는 里正 한 사람만 있었다.

향약 立議 내용을 보면 전체적으로 교화를 기본으로 하는 한편 향약을 통하여 향리를 통제하고 있으며, 相扶相助의 기능을 강조하고 있다. 밀양향약은 재지사족이 주도하고 수령의 협조를 얻어내는 官府 협조형[58]으로, 상부상조를 강조하면서도 민간자치적인 요소가 아직 많이 남아 있었다.[59] 향약 시행은 기본적으로 재지사족들의 公

---

55) 졸고, 앞의 논문, 2005 참조. 17세기 중엽 단계 벽진이씨 가문은 밀양 향론을 주도하는 위치에 있었다. 이 가문은 임난 이후 향안 입록자도 많거니와 1634년 예림서원 이건을 주도하는 등 향촌 지배기구에 다양하게 참여하고 있었다.

56) 『密州徵信錄』권2, 「戊子鄕約立議」.

57) 『密州鄕案』. 향약조직 상에서 볼 때 당시의 주도세력으로는 밀양박씨를 중심으로 밀양손씨, 벽진이씨, 일직손씨, 광주안씨, 김해김씨 가문의 인물들이 중심을 이루었다. 이들 인물들은 가세와 사승관계, 혼인관계 등 다양한 연줄을 바탕으로 하고 있었으며, 거의 대부분 향안에 입록되었음을 확인할 수 있다. 약정 조직을 보면 밀성손씨 손기양, 밀양박씨 박지와 박수춘, 벽진이씨 이계윤 계통의 가문과 사람들에 의하여 조직이 움직이는 것을 알 수 있다. 이들은 임난 이후 전후 복구에 주도적으로 나선 인물들이었다(졸고, 앞의 논문, 2005 참조).

58) 예를 들어 "고아, 과부의 貴賤 중 의뢰할 데 가 없는 자는 洞中에서 곡물을 모으고 家舍를 마련하여 이로 하여금 存活하게 하되, 洞力 부족 시에 官에 보고 한다"(『密州徵信錄』卷2, 「仁祖戊子節目」)는 사례를 들 수 있다.

59) 밀양향약의 특징은 향약의 기본적 기능인 敎化와 鄕吏層의 統制를 사족에게 긴

論을 바탕으로 이루어졌다. 교화의 내용을 보면 모범적 행실을 하고 있는 부분을 사족들의 공론을 거쳐 권장하고, 유교윤리에 어긋나는 부분은 사족들이 상의해서 충고하되, 그래도 어려우면 官府에 보고하는 방식이었다.

이 시기 밀양향약의 성격은 鄕吏와의 관계 설정에서 잘 나타나 있다. 즉 官屬을 향약의 아래에 놓고 수령과 재지사족들이 함께 통제해나가는 구조로써, 향약 체제 속에 하급관속을 편제하여 통제하고 있다. 물론 향약의 모든 내용에서 官府와의 협조가 없으면 안 되므로 순수 재지사족 중심의 향약이라고 할 수는 없었다. 그러나 향리에 대한 통제가 주요 내용의 하나를 이루고 있음은 역시 아직 行政型 향약이라기보다 敎化型 향약의 성격이 많은 것임을 말해준다. 요컨대, 17세기 중엽 밀양의 향약은 수령권과 협력 관계를 전제로 재지사족이 중심이 되어 향민 교화를 중심으로 한 향촌질서를 모색한 것이 특징이었다.

17세기 중엽 이후 밀양향약은 계속 실시되지 못하였던 것으로 보인다. 교화형 향약의 성격이 강하였던 밀양향약은 1673년 癸丑變故에서처럼 재지사족 사이의 이해 불일치와 사족 내부의 갈등으로 시행이 어려웠다. 동시에 鄕吏層의 반발도 계속되면서, 밀양에서 시행된 향약은 점차 성격적 변화를 가져오지 않을 수 없게 된다. 그러나 일부 재지사족에 의해 향약시행에 대한 논의는 계속 이루어지고 있었다.[60]

밀히 연계시킴으로써 사족에 의한 향촌지배를 모색한 점이다(최호, 앞의 논문).
60) 曺夏瑋, 『笑菴先生文集』, 「鄕約贈呈」.

18세기에도 역시 밀양지역에서 향약이 시행되었던 것으로 보인다. 이는 밀양의 재지사족 申國賓(1724~1799)이 올린 呈文에서 "향리들의 방해로 향약이 해이해졌다"고 한 사실에서 알 수 있다. 그러나 18세기 밀양에서 시행된 향약의 내용은 자료부재 탓으로 구체적으로 알 수 없다.[61] 향리들의 방해도 있지만, 이 경우 방해는 어디까지나 사족 중심의 향약 내용에 대한 방해였다. 결국은 18세기 단계 재지사족은 향촌사회에서의 지배적 지위가 점차 무너지고 있거나, 향촌에서 새롭게 성장하는 세력의 도전을 받고 있었음을 유추할 수 있다.

19세기 단계 밀양에서 실시된 향약은 시기별로 자료가 비교적 많이 남아 있어, 이를 통해 조선후기 향약의 성격을 대략 파악할 수 있게 한다. 19세기의 밀양 향약은 1836년의 丙申立議, 1865년의 乙丑立議, 1878년의 戊寅立議, 1889년의 己丑章程 등으로 남아 있다.

먼저 1836년의 丙申立議[62] 단계 향약은 퇴계의 후손 밀양부사 李彙寧가 입의를 주도하였다. 8개조의 조문으로 구성된 입의 내용은 주로 敎院任과 鄕首任, 鄕首吏, 都使令 등의 선출 절차를 규정하였다. 官治의 도구화로 되어가던 향약과 달리 賦稅收取의 기능 등이 없고 직임 명단에 約吏가 보이지 않은 것으로 보아, 향리에 대한 통제가 불가능함을 보여 주고 있다. 이는 역설적으로 향촌사회에서 영향

---

61) 최호는 앞의 논문(1990)에서 18세기에 실시되지 못하였다고 하나, 18세기에 향약이 전혀 실시되지 못하였는지는 자료의 부재로 확실하게 단정할 수 없는 부분이다.
62) 『密州徵信錄』卷2, 「憲宗丙申立議」.

력이 약화되어 가던 士族 중심의 향약이라는 사실을 보여준다.

1865년에 시행된 乙丑立議[63] 향약은 체제상 朱子가 제시하였던 四綱目 체제이며 내용은 매우 간략하다. 元惡鄕吏, 人吏民間作弊者, 貢物使濫徵價物者 등 향리 및 관소 규제 사항이 완전히 삭제되었다. 庶人凌蔑士族者, 兩班凌辱者, 兩班等馬者 등으로 규제되던 상하 신분질서에 대한 규정도 간단히 '以下凌上者'로만 규정되어 있다. 과실에 대한 처벌도 구체적 시벌의 내용이 명시되고 있지 않다. 附府約條目에는 班民이 常民들의 전곡 토색, 늑대, 초목지 광점, 잔민 私刑 등을 문제 삼는 조문이 신설되어 전호농민층을 안집 시키려는 내용이 보인다. 전체적으로 守令의 입장이 향약에 강력하게 반영되고 있음을 말해 주고 있다.

1878년의 戊寅立議[64] 향약은 官府型 향약의 전형을 보여주고 있다. 1648년 鄕約의 都約正은 밀양부사와 전혀 관계없는 在地士族이었으나, 1878년 향약에서는 밀양부사가 바로 향약기구의 책임자인 都約正을 겸임하고 있었다. 1889년의 己丑章程[65] 향약에서는 각종 공납에 관한 규정, 직월·동임·호수의 역할, 부세수납절차 등이 주요 내용을 이룸으로써 완전히 부세책납 기구로서의 성격만을 가지게 된다. 이처럼 밀양에서 시행된 향약 변천사를 통해 볼 때, 조선후기의 향약은 守令과 官府의 정령을 수행하는 官治的 성격의 향약으로 완전히 변화하고 있었다.

---

63) 『密州徵信錄』卷2, 「高宗乙丑立議」.
64) 『密州徵信錄』卷2, 「高宗戊寅立議」.
65) 『密州徵信錄』卷2, 「高宗己丑章程」.

조선시기 향약 변천의 특성은 이상의 논의에서처럼 시기가 내려 갈수록 중국의 향약 변천과 같이 관치보조적 성격의 향약으로 변천 하고 있음을 보여 주고 있었다. 동시에 조선의 향약은 향내 전체 영 향력은 약하거나 제한적일지라도 여전히 사족이 참여하는 향약이 일 부 실시되면서도, 전체적으로는 수령이 주도하는 완전한 관주도형 향약이 실시되는 흐름을 볼 수 있었다. 물론 전자는 당연히 소수였을 것이다. 여기서 향약 시행이 사족의 영향력이 약화됨으로써 宗約 형 태로 혹은 洞約이라는 소단위 방식으로 전환되어 간 모습도 생각해 볼 수 있다. 종약은 중국의 宗族鄕約化와 유사한 것으로 볼 수 있을 것이다.[66] 동약도 결국은 사족 중심의 동성촌락 형성의 흐름과 관련 한다면, 이 역시 종족향약화와 비슷한 성격을 가진 것으로 볼 수 있 을 것이다.

4. 맺음말

이상에서 조선시기와 명청대에 실시된 향약 제도의 변천과 성격 변화의 흐름을 양국 향약의 비교사적 관점에서 살펴보았다. 그동안 이루어진 양국의 향약 연구 성과를 중심으로 살펴 본 바에 의하면, 조선과 명청대의 향약 시행의 변천과 성격 변화의 방향은 크게 다르 지 않은 모습을 보여 주었다. 기본적으로 조선이나 중국이나 모두 민

---

66) 中國의 宗族鄕約化에 대해서는 常建华, 「明代徽州的宗族乡约化」, 『中国史研究』 2003年第3期를 참조할 수 있다. 조선의 洞約과 청대 宗約을 비교하는 문제에 대 해서는 따로 살펴 볼 필요가 있다.

간 자치적 성격이었던 향약이 관치 보조 혹은 관부형 향약으로 성격의 변화를 보였다는 점에서 본질적으로 차이가 없었다.

鄕約의 역사를 보자면 중국의 경우 宋代에 향약이 처음으로 시행되었고, 明代에 이르러 향약 이론이 최고조로 발달하며, 淸代의 향약은 그 성격이 크게 변질된 모습을 보여준다. 조선에서는 16세기 초반 여씨향약을 수용하여 처음 시행된 이래 점차 이를 변용한 鄕約이 각 지방에 개별적으로 실시되면서 성격의 변화를 보였다. 양국의 鄕約은 시대적 상황에 따라 시행의 범주는 제한된 지역의 區域性의 것에서 全國性 차원의 향약으로 확산되었다. 향약의 성격도 民間性的인 것에서 官治的인 혹은 官方性의 것으로 서서히 바뀌어 나갔다. 청대의 향약교화는 최종적으로 명대 향약의 성격이 거의 사라지면서 形骸化 되었고, 사실상 官治의 도구로 전락하였다. 조선에서는 16세기 전반 鄕約 도입 이후 향촌사회에서 士族支配體制의 구축과 함께 17세기 중반까지 향약이 본격적으로 시행되어 나갔다. 17세기 후반 이후 향촌에서 사족의 영향력이 제한적으로 작용되는 것과 함께 향약은 새로운 이론적 발전이 없이 官治 도구의 하나로 점차 변화해 나간 점에서 중국과 조선은 크게 다를 바 없었다.

宋代 처음으로 시행된 향약은 동아시아 각국에 전파되면서 시행된 民間自治 조직이었다. 明代에 향약은 理論的으로 크게 발전하였지만, 점차 官府가 개입되어 가는 鄕約으로 변화하다가 淸代에 이르러 성격이 크게 달라졌다. 한마디로 明淸 시기 향약은 呂氏鄕約의 발전 궤도를 벗어나 정부가 민중을 통치하는 기구로 전락하고, 여씨향약

이 가지고 있던 民間性과 自治性이 점점 멀어졌다. 이로써 향약의 민간자치적 지위가 점점 약화되며, 향약의 우두머리는 官役化 되고, 향약의 폐단은 심해졌으며, 교화의 효과는 매번 줄어들었다. 결국 청대의 향약은 명대의 향약에 비해 이론상의 새로운 것이 없는 하나의 '후퇴'였다. 한편 조선의 鄕約은 明太祖의 六諭 내용이 보이는 것처럼 중국의 영향을 일부 받고 있었다.

조선에서 향약 시행은 16세기 전반의 중종연간 주자학 입문서『소학』가운데 삽입된 呂氏鄕約의 시행으로 시작되었다. 16세기 後半에 이르러 향약은 性理學에 대한 이해의 심화와 함께 朱子增損呂氏鄕約에 바탕을 둔 退溪鄕約, 栗谷鄕約, 金圻鄕約 등과 같은 조선적인 鄕約으로 발전하였다. 17세기 鄕約은 향촌사회의 재지사족에 의한 향촌민에 대한 교화와 향촌사회 안정을 위한 교화의 기능이 일차적이었다. 그러나 한편에서는 1648년의 密陽鄕約에서처럼 향약의 自治的 기능이 점차 축소되어 가고 있는 모습도 보여준다. 민간자치기구로서의 향약 본래의 성격은 17세기 後半 이후 크게 달라지면서, 향약은 지방 守令의 하부 행정기구의 하나로 편입되기 시작하였다. 조선후기의 밀양향약이 이러한 조선시기 향약의 성격 변화를 잘 보여주고 있었다. 향약은 점차 官治의 도구화가 되면서 국가의 향촌통제 기구의 하나로 변화하였다.

요컨대, 중국에서 처음 시행된 향약은 동아시아 각국에 전파되면서 초기에 民間自治組織의 역할을 하다가 시기가 내려갈수록 官治補助的 성격의 것으로 변화하였다. 조선에서 시행된 향약은 초기에 儒

學者들의 이상 실현을 위한 수단으로 도입되었으나, 17세기 후반 이후 점차 官府의 개입이 계속 강화되면서 관치적 성격의 향약으로 변화하였다. 중국의 경우 마찬가지로 明代에 향약 이론이 크게 발전하였지만, 점차 官府가 개입되어 가는 鄕約으로 변화하다가 淸代에 이르러 관부 주도형 향약으로 성격이 크게 달라졌다. 양국의 향약이 민간에 의한 사회 통제에서 국가가 개입하는 사회 통제의 한 수단으로 변질되었다는 점에서 동질적인 성격의 한 단면을 보여주고 있는 것이다. 한편 중국의 경우 당초 지역적 단위의 시행에서 명대에 전국적 차원의 시행으로 확대되어 갔지만, 조선에서는 초기 전국적 차원에서 시행되었다가 점차 지역의 개별 단위로 주로 시행되었던 측면에서 약간의 차이가 있었다.

제3장

朝鮮과 明의 鄕賢 추숭과 鄕賢祠 건립 비교

朝鮮과 明의 鄕賢 추숭과
鄕賢祠 건립 비교

1. 머리말

본 연구는 조선시기 향촌에서 전개된 향현 追崇 문화와 명대 지방
사회에서 전개된 향현 崇祀 문화에 대한 개략적 비교를 목적으로 한
다.[1] 조선과 명청대의 추숭과 숭사의 의미는 인품과 덕망 및 학문과
삶의 과정에서 향촌사람들에게 존경 받는 鄕賢을 받들어 제향 한다
는 의미에서 비슷하였다. 물론 각각의 제사 문화는 지역과 시기에 따
라 전개되는 형태는 차이를 보이고 있다. 조선과 명의 추숭과 숭사
활동을 비교 고찰하는 것은 양국의 전근대 제사문화와 향촌사회사의
특성을 이해하는 데 있어 일정한 의미가 있다고 할 것이다.[2]

---

1) 본고는 2015년 10월 28일 중국의 상해 復旦大学에서 개최된 제16회 中國韓國
   學國際學術會議에서 발표한 논문을 일부 수정·보완한 것임을 밝혀 둔다.
2) 한중 양국의 전근대 향촌사회사 비교 연구 성과는 아직 미미한 실정이다. 필자
   는 부족하지만「조선시기 在地士族과 명청대 紳士에 대한 비교 고찰」『역사와
   세계』44(2013)와「조선시기와 명청대의 鄕約 시행과 그 성격 비교 연구」『한

조선의 왕실에서 원래 왕이나 왕후가 아니었지만, 사후 왕이나 왕후의 지위로 승격시켜 종묘에서 제사 지내는 것을 追崇이라 하였다. 그러나 점차 추숭 용어의 사용 범위는 향촌의 在地士族까지 확대되어 가게 된다. 이러한 흐름은 16세기 후반 이후 점차 본격화 되고 있었다. 특정한 인물들에 대한 文廟從祀 운동과 같은 추숭 활동은 사림 세력에게 있어 도학의 정통계보 확립에 중요한 의미를 지녔다. 예를 들어 金宗直과 같은 先賢들에 대한 추숭 활동은 사림과 정치세력의 정통성 확립의 중심적인 사항이었다. 향촌에서 鄕賢으로 인정받은 사람에 대한 추숭 활동은 재지사족들에 있어서 교화를 통한 향촌지배의 수단이 되었다. 향현에 대한 享祀는 명대와 달리 향교 대성전과 그 아래에 위치한 東廡나 西廡에서가 아니라, 서원이나 祠宇에 위패를 모셔두고 지냈다.

명청 시기의 숭사 활동은 크게는 府州縣의 문묘와 성황묘의 제사 형태로 이루어졌다. 이는 지방 차원의 제사가 아닌 전국 차원의 숭사 문화의 형태로서, 조선의 지방 향교 대성전의 문묘제사와 비슷하였다. 중국의 지방 차원의 숭사 문화는 관아의 學宮에 설치된 鄕賢祠에서 향현을 제사 지내는 것에서 이루어졌다. 향현사는 해당 지역에서 덕행이 뛰어난 것으로 알려진 향현 인사를 모셔 제사지내는 사당이다. 향현사는 중앙에 의해서 만들어지기 시작한 것이 아니라, 지방에서 출현하기 시작하여 국가적인 공통적 제도로 된 것이다. 입사 대상은 그 지방의 인물들이라는 점에서 지역 발전과 관계가 있었다. 특히

국민족문화』 58(2016)라는 두 편의 논고로서 양국의 전근대 향촌사회 지배층과 향약에 대한 비교 연구를 시도해 본 바가 있다.

명 중기 이래 향현사가 본격적으로 건립되는 것은 지방 紳士層 형성과 성장의 상징으로도 볼 수 있는 부분이다.

본 연구는 조선시기의 향촌사회에서 전개된 향현 추숭과 명대부터 본격화된 향현 숭사 활동의 비교를 위해, 먼저 조선의 경우 추숭론의 의미 변화와 추숭 대상의 확장과 과정을 정리해 본다. 이어 사례의 하나로 향촌의 재지사족이 주체가 되어 전개한 밀양의 향현 朴壽春에 대한 추숭 과정을 실증적으로 밝혀 볼 것이다. 중국의 경우 특히 명대 이래 전국적으로 확산되었던 지방의 향현사 건립과 여기에 숭사되었던 향현의 선정과 실태를 기왕의 연구 성과들을 가지고 상호 비교사적 관점에서 살펴 볼 것이다.

2. 조선조 鄕賢 追崇과 鄕賢祠

1) 추숭 대상의 확대와 향현 선정

조선에서의 추숭활동은 문묘종사 논의, 시호의 복구와 관직의 추증, 제향 하는 서원의 건립과 사액 활동, 先賢과 鄕先生들에 대한 제향 등 여러 가지 방식으로 나타난다. 추숭의 주체는 왕실에서 향촌의 사림세력들까지 확대 되었다. 추숭 활동은 문묘종사 운동과 같은 국가 차원의 것과 서원의 건립과 중수 및 춘추향사 활동과 같은 향촌차원으로 나눌 수 있다. 사림세력의 향당적 성격이 본격적으로 나타나는 임난 이후의 추숭 활동은 국가차원의 활동도 있었지만, 17세기 중엽 이후에 이르러 향촌사회 차원에서 본격적으로 전개되고 있다.

조선시기의 '追崇'이란 원래 宗統의 계승자인 왕이 스스로의 정치 권력에 기반 하여 사적인 친소 관계에 있는 소생 부모를 공적 계통에 사사로이 편입시키는 것을 말한다.[3] 追崇의 사전적 의미는 추가로 封號를 올리는 것이다.[4] 왕이나 왕후가 아니었던 사람을 추후에 왕이나 왕후로 올려 종묘에서 제사 지내는 것을 '추숭'이라는 용어를 사용하여 기록하였다. 그러나 시기가 내려갈수록 추숭하는 일은 왕실에만 한정되지 않았으며, 사대부 일반까지 그 활동이 확산되어 가는 경향을 보였다. 추숭의 의미가 변화하면서 추숭 활동의 보편화 현상이 이루어지기 시작한 것이다. 추숭의 의미와 보편화 현상은 조선중기 이후 향촌사회에서 서원과 사우의 활발한 건립을 통해 나타났다.[5]

재지사족을 중심으로 한 鄕賢에 대한 추숭 활동은 국가의 향촌에

---

3) 김지영, 「正祖代 思悼世子 追崇 典禮 논쟁의 재검토」『한국사연구』163 (2013). 이러한 의미의 추숭은 享祀로서의 의미와 다소 거리가 있다. 追尊은 君主를 대상으로 추가로 尊號를 올리는 것이다. 그러나 후대에 이를수록 존호를 올리는 대상은 일반 士大夫 계층까지 확장되고 있다.

4) 追崇하는 문화가 중국에서 들어온 것이 분명해 보이지만, 정작 중국에서는 '追崇'이라는 용례가 거의 보이지 않는다. '追崇'보다 '推崇'이라는 용례가 훨씬 많이 보이는데, 이 경우 숭배 대상자의 사후에 추가로 숭배하기 위한 존호를 올린다는 의미이다. 중국의 경우 '崇祀'라는 용어가 오히려 조선의 '追崇'과 의미상 대체로 같은 것으로 생각된다. 崇祀는 推崇하여 祭祀를 지낸다는 의미이다. 그렇지만 본고에서 사용한 '追崇' 의미는 崇祀, 祭享, 享祀, 祭祀 등을 포괄하는 광의의 개념으로 사용하였다.

5) 일반적으로 서원과 사우는 後孫에 의한 院·祠의 건립, 門人에 의한 院·祠의 건립, 鄕人에 의한 院·祠의 건립 등 세 가지 유형으로 세워졌다(정만조, 『朝鮮時代 書院硏究』(集文堂, 1997) 제2장 「17~18세기의 書院·祠宇에 대한 試論」 참조).

대한 교화 체계라는 큰 틀 속에 있었다. 이는 향촌의 재지사족이 先賢6)이나 향선생을 민간에 의해 설립된 서원·사우에 위패를 봉안해 놓고 향사 활동을 전개하는 것에서 구체화되었다. 그런데 明淸 시기의 崇祀는 조선의 관학인 향교와 같은 府州縣의 廟學에서 주로 이루어졌던 점에서 조선의 추숭과 일단 형태상에서 다르다. 조선의 향교는 공자와 그 제자 및 중국의 역대 선현들과 조선의 선현들만 제사 지내는 곳이었지만, 중국의 경우는 관학의 성격을 갖는 지방의 묘학에서 선현과 함께 많은 수의 향현도 함께 제사 지낸 점에서 차이가 있다. 조선의 추숭 활동의 주체가 지방의 민간 재지사족이었음에 비하여, 중국의 경우 후술하듯이 그 주체는 '官이 중심이 되는 모습을 보였다.

조선중기에 이르면서 추숭은 서원 건립과 사액화와 함께 사우를 건립하여 선현 혹은 鄕人士들을 祭享하는 것으로 보편화 되어갔다. 이는 향촌 사회 단위에 이르기까지 유교 이념이 보편화 되면서 확산된 것과 직결되어 있었다. 특히 17세기 이후 임진왜란과 병자호란의 전쟁 과정에서 의병운동을 전개한 사족들이 忠節을 주요 기준으로 추숭의 대상으로 등장하면서, 16세기까지 전개된 선현만을 대상으로 한 추숭 흐름과는 다른 양상을 보여주고 있다. 임진왜란 시기 영남의 黃石山城 전투에서 순절하였던 의병장 趙宗道(1537~1597)는

---

6) '名賢'과 '先賢'의 용어는 뚜렷하게 구분되어 불리는 것은 아닌 것 같다. 아직 선현으로서 본격적으로 추숭되기 전의 경우 지역의 재지사족들에게는 名賢의 존재로 인식되는 경우도 있다. 후대에 '嶺南士林의 宗匠'이라 불렸던 金宗直은 17세기 재지사족의 주도로 간행된 읍지에 '名賢'으로 기록되어 있었다(『密州誌』「名賢」條).

1634년(인조 12) 향촌 사족들이 충절을 기준으로 그를 향현으로 인정하고 함안에 尙德祠라는 향현사를 건립하여 추숭하였다.[7] 다음 절에서 살펴볼 17세기 말 향인들에 의해 건립된 南岡祠에서 향선생, 즉 향현[8]으로 평가된 朴壽春(1572~1652)을 향사하는 활동도 바로 이같은 흐름 속에서 이루어진 것이다.

추숭의 의미가 확장되면서 추숭의 기준도 변화되어 갔다. 기준의 변화는 추숭의 대상이 되는 인물들이 臣節의 모범을 보여주었는가, 아니면 조선중기의 사림세력 성장과 함께 요구된 바람직한 士風을 확립함에 있어서 道學的 삶을 살았던 것인가로 나타났다. 전자는 군신 의리의 확립이 중요하였던 15세기 단계에서 조선 건국 이후 不事二君의 자세를 보여준 吉再(1353~1419)가 충신으로서 모습이 강조되었던 경우이다. 그러나 충절 이미지의 길재에 대한 추숭은 16,17세기에 이르면 왕실보다 사림의 뜻이 크게 반영되면서, 추숭의 의미가 사풍 중시의 기준으로 변화되었다.[9] 구체적으로 국가의 입장에서 백성을 교화함에 있어 미친 영향력의 정도로서 향촌민 교화에 대한 역할이 중시된 것이다. 향촌교화의 문제는 17세기의 조선 중기에 들어

---

7) 정경주, 「대소헌 趙宗道의 인물 형상에 대하여」 『남명학연구』 38(2013). 함안의 상덕사는 뒤에 德巖書院으로 승격하여 享祀를 지속하였다. 국가로부터 조종도에게 襃贈도 내렸는데, 1708년(숙종 34) 忠毅公이라는 시호를 확정하였다.
8) 李瀷, 『星湖僿說』 제9권, 人事門, 「滄洲釋奠」. 이익은 "閭里에서도 역시 鄕先生을 제사할 수 있다. 지금의 書院이 대개 그 遺制인 것이니, 이미 그 제사가 존속되어 온다면 釋奠·釋菜의 명칭도 역시 공통될 듯하다"하였다. 明代의 경우 주로 '鄕賢'으로 불렸던 조선의 '鄕先生'은 氣節이나 行誼를 실현한 인물들이 중심이었다. '향선생'은 '향현'과 같은 의미를 갖는다.
9) 김훈식, 「15세기 朝家의 吉再 追崇과 認識」 『민족문화논총』 50(2012).

서면서 중시되는 경향을 보였다. 이는 특히 17세기 후반에 이루어진 많은 사액 서원의 사액소의 내용을 들여다보면 잘 나타난다.

추숭의 또 다른 형태로서 국가와 지역적 차원에서 함께 추숭된 노론의 영수 宋時烈(1607~1689)에 대한 추숭의 경우를 통해 볼 수 있다. 그것은 문묘에 종사하는 것과 院祠에 享祀하는 두 가지 형태로 나타났다.[10) 노론 집권기였지만, 전자 형태는 국가적 차원의 추숭을 받은 모습이며, 후자는 전국적으로 분포된 원사에 배향된 모습이었다. 길재에 대한 추숭 내용으로서 15세기 길재에 대한 朝家의 인식을 정리해 보면, 어머니를 사모한다든지 부모의 처신에 문제가 있을 경우 자식이 행해야 하는 올바른 도리를 실천한 모습의 孝行 강조, 절의에 입각한 忠節과 出處에 대한 인식, 성품이 廉正하여 욕심이 없었던 것으로 부각되는 廉靜 강조, 학문에 대한 인식 등 네 가지이다.[11) 이러한 것은 17세기 향촌의 재지사족에 의한 박수춘 추숭의 내용과 본질적으로 차이가 없었다. 박수춘은 후술하듯이 효행의 유교규범, 의병활동, 향촌 안정을 위한 노력, 도학자적 삶의 모범을 보였다.

국가의 입장에서 17세기 향촌의 재지사족에게서 가장 중요하게 요구된 덕목은 유교이념으로 백성을 교화하는 것이었다. 그 방법으로는 鄕禮의 실천, 향민에 대한 직접적 교화 활동과 모범적 삶을 보여주는 것 등이었다. 유교 이념의 '仁禮道' 실천이 중요한 기준이었다. 17세기는 鄕先生으로서 吉再와 열녀였던 藥哥 사이의 길재-약가

---

10) 한기범, 「우암 송시열에 대한 후대인의 추숭과 평가」 『韓國思想과 文化』 42 (2008).
11) 김훈식, 「15세기 朝家의 吉再 追崇과 認識」.

담론12)과 같은 향촌민 교화라는 유가의 담론이 본격적으로 언급되던 때였다. 바로 이 시기에 충절의 이미지를 가진 길재가 향촌의 士族으로서 향촌민을 교화하였다는 것이다. 이런 점에서 길재는 벼슬을 하지 않은 절조를 지킨 향선생의 전형을 보여주는 사례이면서도 전국적 인물이었다. 이러한 맥락에서 17세기 후반 재지사족에 의한 추숭 사례로 도학자의 면모를 가지면서 밀양과 청도에서 향례를 실천해 왔던 박수춘에 대한 추숭 활동을 전형적 사례의 하나로 들 수 있다.

중국의 명청 시기에 전개된 崇祀는 조선의 관학인 향교와 같은 격인 부주현의 廟學에서 주로 이루어졌던 점에서 조선의 추숭과 다르다. 조선의 향교에서는 공자와 그 제자 및 중국의 역대 선현, 조선의 문묘종사 대상자로 인정된 선현들만 제사 지냈다. 중국의 경우는 관학의 성격을 갖는 지방의 묘학에서 선현과 함께 많은 수의 향현도 함께 제사 지낸 점에서 조선과 비교해 차이가 있다. 조선의 추숭 활동의 주체가 지방의 민간인이었음에 비하여, 중국의 경우 주로 官이 중심이 되는 모습을 보였다.

2) 향현 추숭과 향현사 건립 사례

(1) '향현' 朴壽春 추숭

경상도 密陽府와 바로 인근 豊角縣에서 활동하고 주거하였던 재

---

12) 善山의 같은 마을에 사는 열녀 藥哥가 吉再의 가르침에 감화를 받아 守節하였다는 이야기를 말한다(김훈식, 「조선 후기 吉再 追崇과 백성 교화 -烈女 藥哥 이야기를 중심으로-」『역사와 경계』92(2014)).

지사족 박수춘(1572~1652)은 사후 지역 재지사족들의 공론 과정을 거쳐 향선생, 곧 향현[13]으로 추숭된 인물이다. 그는 관직을 역임하지 않았지만, 도학자적 삶과 향약 등 향례의 실천으로 밀양과 인근 지역 재지사족에게 많은 영향을 미침으로써 사후에 추숭의 대상이 되었다. 박수춘이 추숭되는 과정은 당시 지역의 유력 재지사족들 사이에 오간 글과 관리를 지낸 인사들의 평가에서 잘 나타난다. 박수춘은 金宗直이 先賢으로서 지위를 가졌던 것에 비해 '鄕先生'으로 일단 평가받았다.[14] 밀양의 재지사족 생원 朴紹遠이 南岡書院의 사우를 지어 낙성식을 할 때, 상량문에서 박수춘을 일러 "향선생은 이미 갔으나 아직도 선생의 풍도가 남았으니 어찌 그 애모함이 이처럼 간절한가(鄕先生之旣歿 尙存先生之風 何令愛慕至此哉)"라 한 것처럼, 박수춘은 '향선생'으로 추앙을 받았다. 그렇지만 吉再가 국가로부터 향선생으로 재인식된 과정과는 다소 차이가 있었다.

재지사족 박소원은 또한 박수춘을 향선생으로 여러 향인들이 존숭하여 향사의 예를 올리기로 결정하였다는 사실을 들어 '역시 도학과 덕망이 높아서 향사를 받을 만하다'고 하였다. 박소원은 박수춘이 사

---

13) 박수춘은 '新增名賢' 항목으로 분류되어 있다. 즉 새롭게 추가된 名賢인 것이다. 일반적으로 고을마다 '五賢', '八賢' 등으로 불리는 향현들이 존재하고 있는데, 바로 밀양의 사례가 잘 보여준다. 鄕賢으로 사찬읍지에 이름이 새롭게 올라간 경우 '新增名賢' 항목을 설정하여 기록하였다(『密州誌抄』의 「新增名賢」과 「名賢」조 참조).

14) 필자는 '先賢'으로서 金宗直과 '鄕賢'으로서 朴壽春에 대한 조선중기 향촌 재지사족의 추숭활동 사례를 비교해 발표한 바가 있다(졸고, 「朝鮮中期在地士族的先賢和乡贤追崇活动」(중국 山東大學, 제17회 중국한국학국제학술회의 발표논문, 2016.10.).

족으로서 조선중기 국가가 지방사회를 교화하는 데 필요한 덕목을 모두 갖추고 있다고도 하였다. 박수춘은 유교 국가의 도학적 삶, 임진왜란 시기 의병운동, 향안과 향교운영 및 향약실시를 주도한 향례 실천가, 부모에 대한 효자, 北伐論이 지배하던 시기의 崇明反淸 사상 등 여러 조건을 갖춘 인물이었다. 이로써 박수춘은 비록 관직을 갖지 않았으나, 향촌사회 교화활동을 적극적으로 전개한 향현의 전형적 모습을 보여주고 있는 것이다.15)

향현으로서 박수춘에 대한 도통적 측면의 추숭 덕목은 「南岡書院 奉安文」을 지어 올린 이조정랑 閔興道(1655~1710)의 글에서 압축 적으로 확인된다.16) 봉안문에서 민흥도가 박수춘을 일러 "師友는 寒岡과 旅軒이오, 淵源은 晦齋와 陶山이며, 道는 孔孟을 종주로 삼고, 學은 程朱를 목표로 삼아라 하였고, 향촌사회 활동은 學規를 참작하여 德敎를 시행하고, 鄕約을 부활하여 民俗을 감화시켰으니, 향당의 蓍龜이요 사림의 사표였네"라 평가한 것에서, 그의 덕목이 잘 드러난다. 박수춘의 학맥은 鄭逑(1543~1620)17)와 張顯光(1554~1637)을 師友로 하면서 李滉과 李彦迪의 도학을 이었다. 박수춘은 당대 도학

---

15) 박수춘의 구체적인 향촌활동에 대해서는 졸저, 『조선시대 영남 재지사족 연구』 (태학사, 2015) 제4장 「17세기 밀양 재지사족 朴壽春의 향촌활동과 도통인식」 을 참조할 것.
16) 閔興道, 「南岡書院奉安文」(朴壽春, 『菊潭集』 권3). 1681년(숙종 7) 봄 이이주가 올린 통문에서는 "이를테면 타향에서의 孝感과 고향에서의 施惠, 독실한 지조 와 높은 器局, 평생 동안의 마음가짐과 일의 행함에 있어서 義 한 글자에서 벗어 나지 않음으로서 야박한 풍속을 도탑게 하고 나약한 사람을 자립시켜, 말세에 빼어나고 후진에게 모범이 된 것은 죽어서도 썩지 않고 남긴 향기 더욱 향기롭 습니다..."(「鄕賢祠通文」(朴壽春, 『菊潭集』 권3))이라 하고 있다.
17) 鄭球, 「贈朴斯文景老」(朴壽春, 『菊潭集』 권3).

자들과 폭 넓은 교유 관계를 가졌다.[18] 향촌사회 활동으로 향약을 시행하고 學規를 참작하여 德敎를 적극적으로 시행하였던 인물로 평가되었다.[19]

박수춘을 추숭해야 한다는 공론을 제안한 향내에서의 대표적인 인물은 벽진이씨 가문의 재지사족이었던 李而杜(1618~1692)였다. 추숭을 위한 공론은 이이주가 1681년(숙종 7) "祠堂의 설치가 당초 고을의 어진 사람을 위한 것으로서 朴壽春이 바로 고을의 훌륭한 어른이자 君子였으니 사당에 모셔 제사를 지내야 할 것"[20]이라 하면서 논의가 본격적으로 시작되었다. 이이주의 아우이면서 도학자였던 李而杜(1625~1703)는 "菊潭 선생 朴公은 실로 우리 고을의 大老이면서 德隱君子이다. 器局이 크고 평생 동안 마음 씀과 행동에서 '義' 한 글자를 넘어서지 않고 후진의 모범이었다. 밀양의 사림들이 존경하지 않은 이가 없다"[21]고 하면서 향사를 해야 할 인물임을 주장하고 있다.

1691년(숙종 17) 가을에는 밀양 재지사족 朴世墉 등이 관찰사에게 글을 올려 박수춘의 공적을 구체적으로 확인하고 있다.[22] 박세용이 올린 글의 내용을 요약하자면 다음과 같다. 즉, 고을에 두 孝子(朴壽春, 평민 尹甲生 부자)와 두 烈婦(李命億의 아내 李氏와 李明信의 아

---

18) 박수춘은 향촌에 머물렀지만, 鄭經世, 李元翼, 李德馨, 鄭蘊, 李蒼石, 孫處訥, 趙靖, 金奉祖, 金應祖 등의 유현들과 시문을 주고받았다(朴壽春,『菊潭集』).
19) 朴壽春,『菊潭集』권2,「讀書朱文公白鹿洞學規及呂氏鄕約示生徒文」.
20) 李而杜,「鄕賢祠通文」(朴壽春,『菊潭集』권3).
21) 李而杜,『覽懷堂先生文集』권4,「朴菊潭先生幷享通文」.
22) 朴世墉,「呈巡相文閔方伯昌道時辛未秋」(朴壽春,『菊潭集』권3).

내 徐氏)가 있었다. 이 가운데 박수춘의 경우 임진왜란 때 피난지에서 부모를 극진히 봉양하였고, 그의 부모와 형제자매가 전쟁 통에 죽게 되자 예를 다해 장례를 치렀으며, 동시에 박수춘은 효성이 지극한 자라는 것이었다. 이들을 표창할 수 있도록 해 달라는 呈文을 접수한 관찰사는 임금에게 보고하면서 박수춘의 향사 승인을 요청하였다. 또 이 해 겨울 밀양부사에게도 같은 내용의 정문을 올려 박수춘을 향현사를 지어 추숭해야 한다는 일을 추진하였다.

박수춘에 대한 추숭은 밀양, 창녕, 청도, 대구 지역 등 인근 지역의 재지사족들도 참여하면서 추숭 공론이 폭넓게 전개되었다. 추숭을 위한 공론 전개 과정에서 고위 관직을 지낸 인물도 포함되어 있었다. 추숭의 형식으로 비문을 작성하여 閭表碑를 세운다든지 서원에 위패를 봉안하여 제사를 지낸다든지 등 여러 가지 방식들이 논의되었다.23) 결론적으로 아래에서 보듯이, 박수춘에 대한 추숭은 향중의 공론에 의해 향현사를 짓고 향사하는 것으로 결정되었다. 한편 박수춘에 대한 추숭 이후에도 밀양 지역에서 향현 추숭을 위한 향현사 건립이 활발하게 이루어지고 있었다.24)

---

23) 閔昌道,「有明朝鮮國贈通政大夫戶曹參議崇禎處士菊潭朴先生閭表碑銘」(朴壽春, 『菊潭集』 권3). 박수춘과 같은 鄕先生의 지위에 이른 경우 祠宇에 향사하는 것과 함께 閭表碑를 세워 현창하였다. 지역에서 관직을 지내면서 선정을 베푼 것으로 인정될 경우, 善政碑를 세워 이들의 공덕을 칭송하였다. 선정비를 세우는 일은 향촌 사족의 공론에 의해 결정되었다.

24) 졸고,「朝鮮後期 密陽 在地士族의 鄕賢 追崇 活動 -孫起陽 追崇을 中心으로-」(중국 北京大學, 제18회 중국한국학국제학술회의 발표논문, 2017. 11.17).

(2) 박수춘 享祀를 위한 향현사 건립

조선후기에 들어서면서 지방사회에서는 재지사족의 공론에 의해 향현이 증가됨에 따라 향사의 대상이 늘어나고, 향사를 위한 향현사의 남설에 따른 정부의 금령에도 불구하고 꾸준하게 건립되었다. 밀양 지역만 하더라도 임진왜란 시기 의승병장 惟政을 향사하기 위한 表忠祠,25) 역시 임진왜란 때 의병운동을 전개한 孫仁甲과 盧蓋邦 등을 위한 中峰祠,26) 효자로 평가된 曺光益을 위한 五峰祠,27) 좀 늦었지만 충절로 평가된 손기양을 위한 淸節祠 등이 건립되어 향사 활동이 전개되었다. 박수춘을 향사하기 위한 '南岡祠'라는 향현사는 17세기 말엽부터 밀양을 비롯한 여러 고을의 재지사족들의 공론 과정을 거쳐 건립되었다.

향현사를 지어 향현을 제사 지내는 것은 국가의 백성들에 대한 교화 정책과 밀접하게 연결되어 있다. 향현을 선정하고 향사하는 것은 향민들의 공론을 거치지만 독단적으로 결정할 수 없었고, 궁극적으로 국가의 승인을 받아 이루어졌다.

박수춘을 추숭하기 위한 향현사 건립 활동은 단계적 과정을 거쳤다.28) 먼저 1672년(현종 13) 그를 참의에 추증하였고, 1691년(숙종

---

25) 졸고, 「조선후기 밀양 表忠祠의 연혁과 祠宇 이건 분쟁」『역사와 현실』35 (2000).

26) 『密州徵信錄』권2, 「院祠」條.

27) 密陽孫氏家와 대립하였던 碧珍李氏家의 李宜翰이 聚遠堂 曺光益의 위패를 모신 五峰祠에 常享祝文을 올리고 있다(李宜翰, 『紫雲集』권5 祝文, 「聚遠堂曺先生別廟常享祝文」).

28) 趙廷趛, 「南岡事實」(朴壽春, 『菊潭集』권3). 禮曹의 關文에 근거하여 營門에 論報하였다.

17)에 사림의 존숭과 공론에 의해 박수춘의 출신지인 옛터에 사우를 세우게 된다. 1694년 11월 사우에 위패를 봉안하면서 '南岡'이라 편액을 달았다. 이후 1717년(숙종 43)에 박수춘의 선조이자 김종직의 문인으로 갑자사화에 연루되어 희생된 朴漢柱를 추가로 배향하여 묘호를 '兩賢廟'29)로 이름 하기도 하였다. 박수춘을 제향 하는 남강서원30)은 처음에 향사와 추숭을 위해 건립된 '南岡鄕賢祠'라는 이름으로 출발하였다.31)

박수춘에 대한 주변지역에서의 추숭 운동은 1694년(숙종 20) 朴振仁32)이 밀양부의 접경 지역인 풍각현에서 이웃 대구 고을에 보낸 통문에서, "밀양의 부로들이 논의를 일으켜 왔던 것이고 도백에게 집을 旌表하고 사우를 건립하려 한 노력들을 하였으나 조정과 관련된 문제이라서 지금껏 거행하지 못하고 있었던 문제"33)라 하며, 추숭을 위한 사우를 짓는 문제에 대하여 동의를 구하면서부터 시작하였다. 이에 대해 같은 해 대구 사림은 蔡元岭을 通頭로 하여 찬동한다는 뜻의 통문을 보내 왔다.34) 밀양의 재지사족들도 밀양 이웃 풍각현에서

---

29) 蔡濟恭, 「兩賢錄序」(朴壽春, 『菊潭集』 권3)에 朴漢柱와 朴壽春에 관한 사실이 보인다. 남강서원은 무오사화 때 유배되었다가 갑자사화에 연루되어 처형당한 朴漢柱를 추가로 향사 하면서 兩賢祠로 지칭되기도 하였다(朴漢柱, 『迂拙齋先生實記』 권2 부록, '南岡書院請額疏').
30) 南岡書院과 朴壽春과의 상세한 내력은 郭壽龜, 「南岡書院奉安祭文」(朴壽春, 『菊潭集』 권3) 참조.
31) 『文獻攷略』 권4, 「南崗鄕賢祠甲戌建朴壽春菊潭壬辰起義殉節」. 南岡鄕賢祠의 건립에 관한 사정이 기록되어 있다.
32) 朴振仁은 1650년 密陽鄕案에 입록 되었다. 그의 부친 朴璨(1635년 입록)와 조부 박양춘(1601년 입록) 역시 모두 향안에 입록된 인물이다(『密州鄕案』).
33) 朴振仁, 「豊角縣通大邱鄕中文」(朴壽春, 『菊潭集』 권3).
34) 蔡元岭, 「大邱鄕中荅通文」(朴壽春, 『菊潭集』 권3). "사당 세우는 뜻을 향중의

제안한 것에 대하여 대구 사림에게 통문을 보내 적극 찬동한다는 뜻을 표하였다.[35]

향현사 건립과 관련하여 풍각현 재지사족 박진인의 아들 朴紹遠[36]등은 「豊角縣通密陽文」에서, 그간 祠宇를 건립하는 일을 발의하게 된 배경과 경과를 밀양 사림들에게 설명하였다. 박소원은 전쟁 이후 풍각현의 풍속은 각박하였는데, 박수춘이 이곳 풍각에 살면서 교육을 하고 주민을 교화시켜 윤리를 알게 하였다는 등의 내용으로 선생이 베푼 공에 대한 보답을 해야 한다고 주장하였다. 그러면서 그는 당시까지 아직 사우 건립 등의 논의가 제대로 수립되지 않음으로써 고을에서 이를 걱정하는 소리가 일어나게 되었다고 하면서, 이에 풍각현에서 通文을 내어 향촌 사림들의 찬동을 얻는 公議의 일을 벌이게 되었다고 하였다. 박소원의 통문에 대해 밀양 재지사족은 진사 孫碩佐[37]가 주도한 「密陽士林荅通文」에서 답을 하면서 "풍각현 여러 사림들이 특별히 추숭하는 의리를 가다듬어 공론을 일으킨 것에 대하여 다행스러운 일이다"라고 화답하였다.

향현사 건립의 여론이 구체화되자 인동,[38] 현풍,[39] 김해[40] 지역

사림과 함께 의논하여 일할 인원을 결정하였으니, 여러분들께서는 때에 맞추어 祠宇를 세워 무너진 풍속을 진작시킨다면 매우 다행이겠습니다."

35) 李天榮, 「密陽士林通文」(朴壽春, 『菊潭集』 권3). "祠宇를 건립하자는 의논이 벌써 豊角縣에서 발의되고 모두 찬동하는 계획이 귀향에서 나왔습니다."

36) 박소원은 1691년 8월 입록 되고 있으며(『密州鄕案』), 박진인의 아들이다.

37) 孫碩佐, 「密陽士林荅通文」(朴壽春, 『菊潭集』 권3). 孫碩佐는 1669년 향안에 입록되었다(『密州鄕案』).

38) 張宇綱 외, 「仁同士林通文」(朴壽春, 『菊潭集』 권3).

39) 郭壽夏 외, 「玄風士林通文」(朴壽春, 『菊潭集』 권3). "원컨대 여러 군자들께서는 부지런히 주선하여 奉享하는 儀禮를 행하여 멀고 가까운 곳의 바라는 바에 부

등지의 재지사족들도 박수춘을 추숭하는 일에 찬동한다는 의사를 표명해 왔다. 예를 들어 인동 지역 재지사족들은 '祠宇 건립 논의가 오래되었는데도 아직 제향이 없으니 안타까운 일이다. 선생의 行誼와 節操를 보아 사당에 제사를 지내도 충분하다. 사우에 봉향한다는 뜻에 적극 찬동한다'는 의견을 표명하였다. 대구의 향중 사림은 사당 건립의 논의가 이미 오래 되었는데도 늦어지는 것에 대하여 우려하고 "재력의 미약으로 인한 것이라면, 이 점을 통지하여 해결하는 것이 좋겠다"[41]는 의견을 제시하였다. 청도 사림들도 향현사 건립에 대한 사림의 논의에 적극적으로 찬동하는 의사를 표시하였다.[42] 이 같은 논의에 대해 孫必達 등 밀양 재지사족들 역시 적극 찬동하는 의사를 보였다.[43] 다만 밀양 향교의 사정이 어려워 재물을 보내지는 못하고 약간의 물건만을 우선 보낸다는 점을 말하였다.

향현사를 지어 향사하고자 하는 추숭 노력은 1708년 李益年 등과 1714년 成彦周 등이 주동이 되어 암행어사에게 올린 呈文[44]과 李希濂 등이 밀양부에[45] 올린 정문 등의 내용에서 보듯이, 18세기에 들

응해 주시면 천만 다행이겠습니다."
40) 安橚 외,「金海士林通文」(朴壽春,『菊潭集』권3).
41) 朴世綱 외,「大邱校院通文」(朴壽春,『菊潭集』권3).
42) 孫必達 외,「淸道校院通文」(朴壽春,『菊潭集』권3).
43) 沈灐 외,「密陽校院通文」(朴壽春,『菊潭集』권3).
44) 李益年,「呈御史文」(1708년, 朴壽春,『菊潭集』권3) ; 成彦周,「又呈御史文」(1714년,『菊潭集』권3).
45) 李希濂,「呈本府文」(1707년, 朴壽春,『菊潭集』권3). 밀양부사에게 올린 呈文에서 박수춘이 전쟁 중임에도 부모의 상례를 제대로 지킨 일, 의병장 곽재우 軍事에의 참여, 소학 탐독과 경전 연구, 도의의 실천, 병자호란 뒤 崇禎處士로 불렸던 사실 등을 밝히고 있다.

어서서도 지속적으로 이루어졌다. 이러한 것은 추숭 대상이 향촌의 재지사족에 이르기까지 유행처럼 확장 되어간 현상의 한 사례로 볼 수 있을 것이다. 나아가 조선후기에 이르면서 향촌의 조그만 지역에 이르기까지 보편화 되어 간 '追崇之儀'의 한 양상이 되고 있음을 말해 주기도 한다.

요컨대, 조선중기 박수춘은 유교규범, 향촌활동, 의병운동, 도학의 실천 등 당시 향선생의 덕목을 갖추고 있었고, 이로써 재지사족의 공의와 관부의 승인을 받아 추숭의 대상으로 인정되어 재지사족의 논의를 거쳐 건립된 南岡祠라 한 향현사에 향사되면서 추숭되었다. 이러한 과정은 후술하듯이 중국의 명대 이르면서 향현들이 공론에 의해 향현사에서 숭사된 것과 대체로 맥락을 같이 하고 있었다.

3. 명대 鄕賢 崇祀와 鄕賢祠

1) 숭사 대상의 확대와 향현 선정

중국사에서 鄕賢은 일반적으로 漢代부터 향리에서 덕행이 높고 숭고한 명망을 지니며 사회적으로 큰 공헌을 한 사람들에게 사후에 표창해 주었던 칭호이다. 향현이 본격적으로 崇祀[46]의 대상이 된 시기

---

46) 중국의 경우 '追崇'보다 '崇祀'라는 용어를 사용하게 된 것에 대해서는 앞의 각주 4)를 참조하기 바란다. 명대 추숭문화는 중국측 학자들에 의한 최근까지의 연구 성과를 집약하는 방식으로 조선에서 전개된 추숭의 실제 사례와 개략적으로 비교하고자 한다.

는 명대에 이르러서이다. 명대부터 각 지방에 향현사를 건립하여 향현의 지위에 이른 인물들을 供奉하였다. 이는 관부에서 기념하는 하나의 祭奠 의식을 통해서였다.[47] 이 시기 향현은 향인들의 推崇[48] 활동을 통해 존중을 받았다. 숭사는 향현들을 존숭하기 위한 제사의 의미를 지닌다. 향현과 함께 名宦도 모셔 숭사를 하는 것은 둘 다 덕을 숭상하고 공덕에 보답하는 것으로, 백성들을 교화하는 사회적 의의를 지니고 있었다.[49]

명대 이후 향현이라 함은 좁게 말해 일정한 절차를 거쳐 향현사에 入祀한 지방사회 단위의 선현을 말한다. 좀 더 넓게 말한다면 향현사에 입사된 사람과 함께 공덕을 쌓아 지방사회에서 推崇 받는 자까지 포함하면서 그 事跡이 지방지에 실려 있고, 비각 내지 지방 부로들 사이에 전승되는 인사까지 포괄한다.[50] 이들 향현은 명대에 立德, 立功, 立言의 세 가지 유형의 향현으로 나누어지기도 하였다.[51] 立德 유형의 향현은 剛直敢言, 淸正廉明, 事親至孝, 忠義凜然한 사람들이

---

47) 명청대 향현사가 官府 관할 하의 廟學에 설치되어 있는 만큼 숭사 활동의 주체가 지방관이었던 것과 鄕約 시행을 관부가 주도하는 官府型 鄕約 시행의 흐름과 상통하는 측면이 있다(졸고, 「조선시기와 명청대의 鄕約 시행과 그 성격 비교 연구」『한국민족문화』58(2016)).

48) 전통적으로 중국에서는 追崇이라는 용어가 황실 혹은 왕실에서만 아주 제한적으로 사용되고 있다. 조선에서는 처음에는 왕실에 한정되었으나, 추숭의 의미가 변화되면서 용어 사용이 확장된 것과는 차이를 보인다. 尊崇 혹은 推重崇敬 의미의 '推崇'이라는 용어를 사용하지만 追崇과는 다르다.

49) 赵克生, 「明代地方庙学中的乡贤祠与名宦祠」『中国社会科学院研究生院学报』 2005年第1期.

50) 조선후기 서원이 남설 되고 문중서원이 설립되던 시기의 서원 祠宇에 추숭된 인물들이 대개 크게 숭앙받지 못한 모습(이해준, 『조선후기 문중서원 연구』(서울: 경인문화사, 2008)과 비교되는 부분이다.

51) 刘华明, 「明代苏州乡贤研究」(蘇州: 蘇州大学碩士學位論文, 2016).

며, 立功 유형의 향현은 事功卓著, 軍功顯赫한 인물이며, 立言 유형의 향현은 文學이 현저하고, 理學을 숭상하는 특징을 지닌다.

향현을 숭사하는 것은 조선과 마찬가지로 명대 국가 차원에서 전개된 교화 정책의 주요 내용의 하나를 이루고 있었다. 자연신과 인신으로 이루어진 제사 체계 중 인신 부분의 先賢과 鄕賢에 대한 제사 과정은 국가가 지방을 교화하고 다스리는 데 있어서 중요한 수단의 하나가 되었다.[52)

宋元 시기 이래 先賢을 중심으로 지내온 제사는 명청 시기에 이르러 지역의 鄕賢과 名宦까지 포함되어 숭사의 대상이 확대된다. 선현만을 제사하던 숭사의 흐름이 명 정덕연간(1506~1521) 이후 府와 縣의 행정 단위마다 설치된 廟學과 긴밀하게 결합된 향현과 명환을 숭사하는 사우 제도가 나타나면서, 숭사문화가 보다 체계적으로 발전하게 된 것이다.[53) 사우 설립이 확대되면서 명청 시기 많은 신사층들이 여기에 숭사되기를 원하였다. 이러한 흐름은 국가의 교화 정책과 연결되면서, 전국의 지방사회에 건립된 향현사에서 향현을 숭사하는 하나의 문화적 현상으로 이어져 가게 된다.

향현을 선정하여 제사를 지내는 전통적인 숭사 문화는 관방과 민간 사회가 추진하는 주류적 가치관으로 발전하였다.[54) 향현 숭사문

---

52) 牛建强, 「地方先賢祭祀的展开与明清国家权力的基层滲透」『史学月刊』2013年04期.

53) 명청대 여러 지역의 學宮圖를 보면 중국의 학궁 즉 묘학은 관학화 된 서원까지 포함되어 있음으로써, 조선의 관학인 향교에 비해 그 규모가 큰 편이다. 묘학 내에는 교육과 교화와 관련된 여러 사묘들이 들어서 있다.

54) 邹小站, 「乡贤文化应在当今有所作为」『决策探索』2015年6期, 中国社会科学院近代史研究所.

화는 청렴결백하고 효제충신하며 저술이 풍부하여 학문 발전에 이바지 하거나 나라에 공을 세우거나 한 사대부들을 표창하는 것을 통하여, 사대부와 지방의 인민들이 선한 일을 하도록 하거나 국가와 지방 사회에 공헌하도록 하는 기제로 이끌게 되는 역할을 하였다. 유가의 사대부들은 향현사에 입사되는 것을 매우 큰 영예로 여겼고, 여기에 입사 되면 향리의 존경도 받으면서 최고의 褒獎이 된다.[55] 명대 사대부들은 죽어서 숭사의 대상이 되는 것을 평생 최대의 성취로 여김으로써, 숭사의 대상이 지속적으로 확장되고 그 수가 늘어갔다.

요컨대 향현을 숭사하는 문화는 조선과 마찬가지로 중국 전통의 교화 체계의 중요한 일환을 이루었다. 향현 추숭 문화는 좁게는 향현사를 중심으로 한 崇德報功의 문화 전통과 넓게 말해 지방사회에서 품행이 탁월하며 功業이 우월한 자이거나 해당 지역에 탁월한 공헌을 한 본관지 인사를 推崇하는 흐름까지를 일컬었다.[56]

향현사에 入祀되는 향현의 결정은 반드시 향중의 공론을 거쳐야 하며,[57] 縣에서부터 省에 이르기까지 각급 관청의 批示 즉 승인을 받아야 했다.[58] 국가는 향현사의 제사와 관청 승인이 밀접한 상관관계를 가지고 있는 것을 중시하였다. 향현사가 국가가 인민을 교화하는

---

55) 魏峰,「从先贤祠到乡贤祠—从先贤祭祀看宋明地方认同」『浙江社会科学』2008 年 第9期
56) 邹小站,「乡贤文化应在当今有所作为」『决策探索』2015年6期, 中国社会科学 院近代史研究所.
57) 조선의 경우 鄕中公論을 거쳐 이루어지는 형태와 같다. 享祀를 하는데 있어서 일정한 기준을 바탕으로 한 공론에 의해 결정되는 구조라는 점에서 비슷하다. 鄕案에 입록되는 원칙과도 비슷한 측면이 있다.
58) 상급기관이 하급기관의 공문서에 대해 서면으로 의견을 표시하는 것을 '批示' 라 하였다.

것을 보조하는 역할을 하며, 백성들로 하여금 향현들이 보여준 모범을 본받게 하는 교화 기능을 가지기 때문이었다.59) 이러한 점은 조선의 경우 향중 재지사족들이 공론을 거쳐 수령이나 관찰사에게 당해 출신의 향현을 공식적으로 향사할 수 있도록 승인·요청하는 것과 같은 것이라 할 수 있는 부분이다.

公論이라는 것은 명대 향현 제사를 관통하는 원칙으로 향현의 거취에 가장 중요한 영향을 미쳤다.60) 儒學61)의 師生과 지방의 士人이 향현을 추천하는 공론의 주체였고, 이들에 의한 공론이 향현 거취의 근거가 되었다. 조선의 재지사족이 향중 공론의 주체였다는 점과 차이가 없는 부분이다. 향현의 거취를 결정하는 공론의 기준으로 入祀 대상자가 '賢'이라는 평가의 표준에 도달하였는가를 보았다. 또한 理學의 숭상, 명예와 절의의 중시, 교화의 육성 등도 평가 기준이었다. 그러나 평가 기준은 항상 동일한 것은 아니었다.

正嘉 연간(1257~1259)에 이르러 程朱理學의 독존적 지위가 흔들리는 가운데, 王湛의 실학과 절강성 동쪽지역의 求實致用의 전통이 일어나고 있었다. '崇理學'을 기준으로 하는 祀法 원칙이 흔들리면서 士人들의 공론의 기준이 새롭게 변화하기 시작하였다. 명대 사인들은 祀法 전개를 둘러싸고 향현의 표준을 이정하면서 儒學正統의 기

---

59) 魏峰, 「从先贤祠到乡贤祠—从先贤祭祀看宋明地方认同」 『浙江社会科学』 2008年 第9期.

60) 张会会, 「明代乡贤祭祀中的"公论"—以陈亮的"罢而復祀"为中心」 『东北师大学报』(哲学社会科学版) 2015年第2期.

61) 여기서 儒學은 원대 이후 生員들을 교육시키기 위하여 각 府州縣에 설립된 학교를 의미한다(『元史』, 「选举志1」 ; 『儒林外史』 第11回).

준을 다시 마련하였다. 구체적으로 말해 '崇理學, 樹名節, 扶植敎化, 羽翼正道'가 명대 향현 선취의 표준이 되었다. 이러한 표준은 앞에서 언급하였던 조선중기의 향현 기준으로서 박수춘의 효행, 의병 활동, 향촌 사회 활동, 도학자적 삶 등과 비교되는 부분이라 할 수 있겠다.

송대까지의 경우 지방에 위치한 先賢祠의 숭사 대상을 선정할 때 선현의 출신지와 연관된 관계는 반드시 중요한 조건은 아니었다. 또한 제사를 받는 자의 성망이나 학술 배경이 결정적 요인은 아니었다. 조선의 경우에도 마찬가지로 초기에는 그 구분이 거의 없었지만, 점차 도통의 계보와 당색 등에 따라 享祀의 내용이 결정되었다. 명대에 이르면 조선과 마찬가지로 정황이 크게 변화하여, 지방 향현사의 제사를 받는 자는 籍貫 즉, 출신지가 결정의 중요한 요소가 되었다.[62] 1543년(嘉靖 13년) 명나라 조정에서는 향현과 명환의 입사 자격을 엄격히 하면서, 제사에 모시는 향현은 반드시 本地人 이어야 하고 아니라면 배척한다는 조치를 내렸다.

崇祀 대상의 출신지에 따른 결정은 송대 이후 명대까지 걸쳐 과거 제도의 변화와 지방사회 세력의 성숙한 정도에 따라 큰 차이를 보였다.[63] 조선의 경우 향현은 특정한 지역 출신인 경우 기본적으로 다른 지역의 서원과 사우에서는 추숭되지는 않았다는 점에서 중국과 질적으로 같았다. 이러한 점은 명의 숭사 문화의 영향을 받은 결과이기도

---

62) 魏峰, 「从先贤祠到乡贤祠—从先贤祭祀看宋明地方认同」『浙江社会科学』2008 年 第9期.

63) 张会会, 「明代乡贤祭祀与儒学正统」『学习与探索』2015年第4期; 魏峰, 위의 논문(2008).

하겠지만, 동일한 유교문화를 배경으로 하는 양국의 향촌사회사 전개의 동질성을 보여주는 부분이라 할 수 있다.

2) 향현사 건립과 향현의 증가

명대 이래 통치자는 주부군현 각 단위의 廟學 혹은 學宮에 향현사를 설치하여 이를 국가를 다스리는 하나의 도구로 활용하였다.[64] 향현사는 관리들에게도 지역의 풍속을 정화하며 민심을 다독거릴 수 있도록 향현을 숭사하게 하는 기능을 가졌다.[65] 향현을 숭사하는 장소는 상당히 다양하였으나, 기본적으로 향현 숭사는 주로 관학, 사묘, 서원 등에 집중적으로 이루어졌다. 명대에 이르면서 향현 제사는 점차 묘학의 향현사로 집중되어 갔다.[66]

명대의 士人들은 鄕賢과 儒學의 관계 강화에서 유학정통 문제를 중시하였다. 유학을 본으로 하는 것으로 지방문화를 더욱 강화하였고, 유학의 독존적 지위를 다시 새롭게 강화였다. 각 지역에서 덕행이 뛰어난 것으로 알려진 향현 인사를 모셔 제사 지내는 향현사는[67] 보통 문묘의 대성전 앞 오른쪽에 위치하고 있다. 대성전 왼쪽에 설치

---

64) 张玉娟,「明清时期乡贤祠研究—以河南乡贤祠为中心」(河南: 河南大学硕士學位論文, 2009).
65) 魏峰,「从先贤祠到乡贤祠—从先贤祭祀看宋明地方认同」『浙江社会科学』2008年 第9期.
66) 张会会,「明代乡贤祭祀与儒学正统」『学习与探索』2015年4期.
67) 조선의 경우 鄕賢祠는 서원을 중심으로 다양한 명칭의 사당 이름으로 존재하고 있었다. 영조 17년 祠院毁撤을 단행한 영조가 "鄕賢祠久則爲書院"라 한 것처럼(『備邊司謄錄』108책, 英祖 17년 4월 22일), 書院은 당초 鄕賢祠와 같은 祠宇에서 발전한 경우가 많았으며, 서원의 남설은 대체로 이 같은 방식으로 이루어졌다.

한 名宦祠는 해당 지역에서 관직을 역임하면서 많은 업적을 남긴 지방관 즉 명환을 받들어 제사 지내는 곳이었다.[68] 향현사와 명환사는 문묘 앞의 좌우에 서로 마주 보는 위치에 있었다.

송대 이후 황실의 서원에 대한 간섭이 강화되면서 서원은 官學化 되었고,[69] 따라서 관부의 묘학에 향현의 위패를 봉안 하였다. 중국 서원의 관학화 현상은 관부와 일정한 거리를 두고 독자성을 가졌던 조선의 서원과 성격이 다른 부분이다.[70] 향현사는 서원의 관학화에 따라 명대에 이르러 주부현의 묘학 안에 본격적으로 건립되게 된 것이다. 또한 송대 이후 서원의 관학화로 명대에 와서는 묘학에 儒學과 孔廟가 합쳐지게 되었다.[71] 교학과 제사를 위한 두 개 공간으로 구성되어 있는 묘학은 명대 이래 제사 공간이 계속 발전하였는데, 이는 송대부터 선현을 제사 지내던 先賢祠가 鄕賢祠, 名宦祠, 啓聖祠,[72]

---

68) 明淸代 지역에서 업적을 남긴 지방관이 名宦祠에 숭사되는 것과 朝鮮의 경우 고을에 선정을 베푼 수령을 위해 善政碑를 세워주는 것은 상호 비교될 수 있는 부분이다. 수령 선정비에 대해서는 졸고, 「16,17세기 청도지역 재지사족의 향촌 지배와 그 성격」『부대사학』22(1998) ; 임용한, 「조선 후기 수령 선정비의 분석」『한국사학보』26(2007) ; 송기호, 「수령과 선정비」『대한토목학회지』59-5(2011) 등의 논고를 참조할 수 있다. 필자는 조선과 명청 시기의 名宦에 대한 추숭 활동에 대한 비교는 별도의 논고를 통해 밝혀 볼 예정이다.

69) 邓洪波, 『中國書院史』(武漢: 武漢大學出版社, 2011).

70) 서원의 주요 역할도 다르게 나타나고 있다. 송명대 서원은 講學을 위주로 하였지만, 조선의 경우 先賢 추숭의 교화와 제향 기능이 우선이었다(정만조, 「韓國 書院의 歷史」『韓國學論叢』29(2007) ; 朱漢民, 「中國 書院의 歷史」『韓國學論叢』29(2007)).

71) 赵克生, 「明代地方庙学中的乡贤祠与名宦祠」『中国社会科学院研究生院学报』2005 年01期.

72) 啓聖祠는 文廟 안에 孔子의 아버지인 啓聖公을 중심으로 다섯 聖賢의 아버지를 모신 사당이다. 조선은 1691년(숙종 27)에 이르러 啓聖祠를 건립하였다(『肅宗實錄』券35, 숙종 27년 4월 23일). 明 가정 9년(1530)에 단행된 孔廟의 祀典 개

忠毅孝悌祠 등의 사우로 분화된 결과였다. 명대 향현사에서 지내는 제사 즉 숭사가 이전 시기에 비하여 점차 매우 성행하게 된 것과 맥락을 같이하는 부분이다. 당초 선현사는 유학과 도학적인 측면에서 선각자의 사당이었다.[73]

향현사의 위치가 묘학 내에 고정되면서, 향현사는 점차 문묘제사 체계와 뗄 수 없는 한 부분을 이루게 된다.[74] 명대 이후 통치자는 일찍이 여러 차례 명령을 내려 향현사 제도를 규정하였다. 특히 명대 가정연간(1522~1566) 이후 통치자들은 여러 번 諭旨를 발포하여 향현사의 입사조건과 입사 과정에 대하여 엄격히 제한하였으며, 덕이 없는 자는 入祀하지 못하도록 하였다.[75] 향현이 될 수 있는 것은 장기적으로 지방의 縣學에서 독서를 하는 것을 기본으로, 그 도덕과 문장이 본지 生員과 鄕老들과 일치된 의견을 가지며 모범이 되어야 했다.

향현사는 앞서 언급한 바처럼 송대 이후 특히 강남의 각지에 선현사와 함께 많이 건립되기 시작하였다. 명 중기에는 묘학 안에 향현사와 명환사가 설립되는 것이 전면적으로 제도화 되면서 보편화 되고,

---

혁이 조선에 준 충격이 컸는데, 여러 차례 조정을 거쳐 숙종대에 일부를 수용하게 된다. 숙종 이전까지 祀典은 가정연간 이전의 明制를 연용한 것이다(高明士, 「韩国朝鲜王朝的庙学与书院」『湖南大学学报(社会科学版)』 第20卷第6期 (2006.11)).

73) 远藤隆俊, 「宋代苏州的范文正公祠」『第二届中国范仲淹国际学术论坛论文集』 (第二届中国范仲淹国际学术论坛, 2008.10.27).

74) 张玉娟, 「明清时期乡贤祠研究──以河南乡贤祠为中心」(河南: 河南大学硕士 學位論文, 2009).

75) 明代 嘉靖 9년(1530) 국가는 祀典 제도를 크게 변혁하면서, 공묘 제사는 계속 修正하고 각지의 학궁 규제도 확립하였다. 이에 대해서는 赵克生, 「嘉靖时代的祭礼大变革」『西北师大学报(社会科学版)』, 2008年02期를 참조할 수 있다.

이러한 것은 청대까지 계승되었다. 주부현학에 부설된 향현사는 이후에 書院과 宗祠로 발전하기도 하였다.[76] 그러면서 청대 서원 내에 향현사를 비롯하여 여러 사우가 건축되기도 하였다.[77] 향현사와 명환사는 국가와 지방과 민간 삼자가 공동으로 구성하여 건립된다. 비록 향현사와 명환사에 입사자가 모람하는 폐단이 출현하였으나, 여기에서 향현과 명환을 숭사함으로써 崇德報功, 敎化民衆의 사회적 의의가 작지 않았다.[78]

향현사는 명대에 이르러 가정연관과 만력연간에 전반적으로 많이 설치되고 있었다. 향현사의 설립은 중앙의 명령에 의해 만들어지기 시작한 것이 아니라, 지방에서 먼저 출현하기 시작하면서 이루어졌다.[79] 향현사에 입사되는 향현은 그 지역 출신자였고, 사회경제적 발전에 따라 입사자의 수는 더욱 늘어났다. 향현사에 지방 인물들이 많이 배향되었던 것은 특히 지방의 紳士層이 크게 성장하였다는 것으로도 이해할 수 있다. 청대로 시기가 내려오면서 지방의 향현은 신사만이 아니라 독서인, 예술인, 상인, 일반 노동자 등으로 구성된 평민 출신들도 존재하였다.[80] 이러한 것은 국가권력이 향현사의 건립을 적극 권장하였던[81] 배경이 되었던 것으로 볼 수 있을 것이다.

---

76) 远藤隆俊,「宋代苏州的范文正公祠」.
77) 청대에 이르면서 河南省의 유서 깊은 崇陽書院에 先聖殿, 道統祠, 先賢祠, 諸賢祠, 崇儒祠 등의 사우가 건립되고 있는 모습을 볼 수 있다(于曉紅,「淸代河南书院祭祀研究」(貴州: 貴州大學碩士學位論文, 2016).
78) 刘华明,「明代苏州乡贤研究」(蘇州: 蘇州大学碩士學位論文, 2016).
79) 李允碩,「明淸시대 江南의 文廟와 城隍廟 ─都市祭祀·信仰中心의 構造와 變遷─」『명청사연구』17(2002).
80) 余新忠·惠清楼,「淸前期乡贤的社会构成初探--以浙西杭州和湖州府为中心」『苏州科技学院学报(社会科学版)』第20卷第3期(2003).

향현 숭사의 이념은 명대 士人들이 유학이 내포하고 있는 영역에 깊숙이 들어가도록 하였다.[82] 정덕과 가정 연간 이후 국가가 더욱 祀典을 바로 하고, 儒學 내부가 다원화 된 발전에 이를수록, 향현 제사의 영역에서 명나라 사인들은 '祀法'을 둘러싸고 향현의 표준에 대한 토론을 활발하게 전개하였다. 아울러 향현의 표준적인 釐正을 통하여 유학의 정통을 새롭게 하였다.

먼저 이들은 '羽翼正道'라는 표준을 강조하였으며, 유학 정통을 대외적으로 보호하고 불교와 도교의 이단을 배척하는 태도를 가졌다. 다른 한편 명대 사인들이 '崇理學'의 표준을 새로이 하였는데, 명 유학 내부에서 程朱 독존의 지위를 타파하여 유학 정통을 새롭게 한 것이다. 묘학의 향현 제사는 유학에서 공자를 제사 지내는 형태의 연장이었기 때문에, 그 가운데 유학의 이념이 풍부하게 온축되어 있었다. 향현사에서 향현에 대한 숭사의 이념이 '崇德' 이외 '儒家之道' 범주이념이 포함되어 있었다.[83]

명대 묘학에 설치된 향현사에는 송대 理學 중심의 선현사를 계승하여 명초기 국가의 程朱 이학이 정통의식 형태로 강화되었고, 이학 향현을 중심으로 崇祀 함으로써 명대 숭사의 전형적 특징이 되었다. 명대에는 '賢'이 한층 더 강조되어 '儒家之賢'이 되면서 동시에 향현으로 숭사 되는 사람은 덕행 뿐 아니라 학행도 저명하였다. 이러한 것은 조선의 17세기를 기준으로 祠宇 입사자의 자격 조건이 충절보

81) 한승현,「明淸時代의 名宦·鄕賢 入祠 樣相의 變化와 그 意味」『中國學報』54(2006).
82) 张会会,「明代乡贤祭祀与儒学正统」『学习与探索』2015年4期.
83) 张会会,「明代乡贤祭祀与儒学正统」『学习与探索』2015年4期.

다 교화나 도학 등을 강조하였던 점과 유사하다. 앞서 본 조선의 박수춘이 향현으로 향현사에 추숭되었던 사례와 비슷하였다.

명대 학교에 향현사와 명환사를 설립하면서, 명환사는 현지 관원들을 포장하고, 형현사는 해당 지방의 명현을 받들어 모시게 된다. 이 때 學官이 구체적으로 崇祀 과정을 주도하였다.[84] 향현의 선정과 이의 향현사 입사 과정에서 학관이 매우 큰 권한을 지니고 있었으며, 구체적인 집행은 지방 士紳들이 주도하였다. 입사 여부 결정은 어떤 學政 계통이냐가 주요 관건이었다. 입사를 위해서는 학관의 비준을 받아야 했기 때문이다.

명대 이후 시기가 내려올수록 入祀되어 추숭을 받는 것이 가문의 영예였던 만큼 향현사에 입사하려는 사람이 많아지면서 여러 가지 문제가 발생하였다. 그 중 '賄求' 즉 뇌물을 써서 입사하려 한 것이 문제였다.[85] 실제 있어서 막연하게 공덕이 있었다거나 백성들에게 혜택을 주었다는 등의 모호한 기준으로 인하여 뇌물 사용이 쉽게 이루어질 수 있었다. 뇌물을 이용하여 향현사에 추숭되는 것은 명대 중기와 후기에 더욱 심화되었다. 뇌물의 증여가 늘어나면서 향현사와 명환사의 입사는 필연적으로 高官侯爵, 富實大戶 등이 우선 들어가 입사하게 되었는데, 이 때 공덕은 별로 중요하지 않게 되었다. 뇌물을 사용하여 향현사와 명환사에 입사하려는 모람 현상은 강남이 다른

---

84) 魏峰,「从先贤祠到乡贤祠—从先贤祭祀看宋明地方认同」『浙江社会科学』2008 年第9期.
85) 赵克生,「明代地方庙学中的乡贤祠与名宦祠」『中国社会科学院研究生院学报』 2005年01期.

지역에 비하여 많았으며, 향현사에 입사하려는 모람 현상이 명환사에 비하여 더욱 심하였다.[86]

향현사에 입사하려는 사람의 꾸준한 증가세에 대응하여, 중앙 정부에서는 누차에 걸쳐 모람 현상의 문제를 지적하면서 통제를 시도하였으나 지방에서는 계속 증가하고 있었다. 이를 두고 '근래 士大夫들이 모두 鄕賢祠에 들어가 木主가 너무 많아 탁자 아래까지 배열하기에 이르렀으니 이것은 鄕紳의 사당이지 鄕賢의 사당은 아니다'라 할 정도였다. 조선에서 18세기에 이르러 향안의 기능이 제 역할을 하지 못하면서 입록자가 급증하였던 사정[87]과 비슷한 형태의 흐름이라 할 수 있을 것이다.

4. 맺음말

이상에서 조선중기 이래 향촌사회에서 전개된 鄕賢 追崇 문화와 명대 지방사회에서 전개된 鄕賢 崇祀 문화에 대한 고찰을 통해 양국의 향촌사회사의 특성을 비교해 보고자 하였다. 조선과 명의 追崇과 崇祀는 그 전개되는 형태는 다소 차이가 있었으나, 크게 보아 인품과 덕망 및 학문과 삶의 과정에서 향촌 사람들에게 존경 받는 해당 지역

---

86) 향현사에 입사하려는 冒濫 현상을 막기 위해 엄격한 심사를 진행하였으며(陈冬冬,「清代湖北士绅李道平的地方事业与入祀乡贤祠」『荆楚学刊』第17卷第6期, 2006), 입사 문제를 통제하려는 제도를 마련해 나갔다(한승현,「明淸時代의 名宦·鄕賢 入祠 樣相의 變化와 그 意味」).

87) 이에 대한 사례연구는 졸고,「조선후기 창녕지역의 향안 중수와 재지사족」『한국민족문화』40(2011) 참조.

출신 인물들을 받들어 제향 하였던 점은 본질적으로 동일하였다. 朝鮮과 明은 향현사에서 향현을 제사 지내는 과정을 통하여 백성들을 다스린다는 교화체계의 원리 또한 크게 차이가 없었다.

향현의 개념은 양국 모두 비슷하였지만, 이들을 제사 지내는 공간은 달랐다. 조선의 경우는 국가로부터의 독자성이 명청대에 비해 상대적으로 강하였던 書院이나 祠宇를 건립하여 여기에 위패를 모셔놓고 추숭하였다. 향현은 중국과 마찬가지로 향촌 재지사족의 공론을 거쳐 관부의 승인을 받으면서 추숭의 대상이 되었다. 명대 향현을 제사 지내는 鄕賢祠는 조선의 향교에 해당하는 府州縣의 學宮 안에 위치하였다. 양국의 추숭 대상의 변화를 보면 대략 황제와 왕, 대부와 사대부, 지역의 士族과 紳士에 이르기까지 추숭 대상의 지위가 점차 낮아지며 양적으로 확산되어 온다. 이러한 현상은 같은 동일한 유교 문화권에 속하였던 양국의 역사에서 대체로 비슷한 양상으로 이어져 왔던 것으로 볼 수 있었다.

양국의 追崇과 崇祀는 기본적으로 향촌사회를 주도하였던 향촌지배 계층의 공론에서 출발하여 국가의 승인을 받는 방식으로 이루어진 점에서 같았다. 그러나 국가의 개입이 중국이 조선에 비하여 상대적으로 많은 편이었다. 이는 명대의 鄕賢祠가 조선조의 官學인 향교에 해당하는 學宮에 위치하였기 때문이다. 사례의 하나로 살펴 본 조선의 향현 朴壽春은 유교규범, 향촌활동, 의병운동, 도학의 실천 등의 덕목을 갖춤으로써 在地士族의 公議와 官府의 승인을 받아 追崇의 대상으로 인정되어 南岡祠라는 향현사에 향사되었던 '鄕賢'이었다. 이러한 과정은 명청대 향현들이 鄕賢祠에서 숭사되어간 원리와 대체로 동일한 부분이었다.

명대 鄕賢祠에서의 향현 숭사가 매우 성행하게 되자, 국가에서는 여러 차례 향현사 제도를 정비하였다. 특히 明 중기 이후 향현사의 入祀 조건과 과정에 대하여 엄격히 제한하였으며, 功德이 없는 자는 입사하지 못하도록 하였다. 향현사에 입사하기 위해서는 반드시 향촌사회 내에서의 공론과 추천 및 縣에서부터 省에 이르기까지의 각급 官府의 승인이 필요하였다. 이는 조선의 경우 향촌사회 공론을 거쳐 享祀 여부를 결정하였던 것과 비슷하다. 중국의 鄕賢祠와 조선의 書院·祠宇에 향사하는 향현들은 대체로 자신의 연고지가 중시되었던 점도 같았다.

조선에서는 원래 宗廟 차원의 제사를 지내는 추숭에서 점차 향촌의 在地士族까지 향사하는 추숭으로 확대되어 갔다. 이러한 흐름은 17세기 후반 이후 점차 본격화 되었다. 명대의 향현 崇祀는 크게는 府州縣의 문묘와 성황묘의 제사 형태로 이루어졌다. 조선의 지방 향교 대성전의 문묘 제사와 비슷하였다. 향현사에 향현을 제사하는 것은 중앙 정부에서 의해 만들어지기 시작한 것이 아니라, 지방에서 출현하기 시작하여 국가적인 공통적 제도로 확장되었다.

제4장

朝鮮과 明의 淫祀와 城隍祭儀 인식과 대응 비교

朝鮮과 明의 淫祀와 城隍祭儀 인식과 대응 비교

1. 머리말

본 논문은[1] 朝鮮과 明의 淫祀와 城隍祭儀에 대한 양국의 인식과 대응에 관하여 비교 연구를 해 본 것이다. 주지하듯이 淫祀는 제사를 지내지 말아야 하는 것에 제사를 지내는 것을 말하고, 城隍祭儀는 성황묘에서 성황신을 제사 지내는 의례이다.

조선에서는 성종 대에 이르러 國朝五禮儀의 편찬이 완료되고, 명나라는 주원장의 洪武禮制 반포로 마련된 사전체계를 정비하면서 국가 예제질서의 기틀을 마련한다. 양국은 건국과 함께 사전체계의 틀을 새로이 마련하면서, 淫祀의 성격을 지녔던 무격신앙 등 다양한 형태의 제의와 성황제의를 正祀에 수용하는 방향으로 정책을 정비하였다. 그러나 시기가 내려갈수록 음사와 성황제의는 정식 사전체계에

---

1) 이 논문은 2019년 11월 9일 중국 천진의 南開大學에서 개최된 제20회 중국한국학국제학술회의에 제출한 발표문을 수정·보완한 것이다.

서 사실상 배척되는 흐름을 보였다. 城隍廟는 淫祀的 성격의 제의를 지내는 사묘로 점점 변화하였다.

조선과 명 양국의 성황제의는 국가 祀典 체계 안에 正祀의 하나로 편입되었고, 제의는 원칙적으로 지방관이 공식적으로 거행하였다는 점에서 양국 모두 성격이 같았다. 그러나 시기가 내려오면서 조금씩 차별성을 보여주었다. 성황묘의 규모, 성황제의의 음사적 요소와 비음사적 요소의 정도 차이, 민간 신앙과의 관계, 성황묘가 건립된 위치 등의 측면 등에서도 양국 간의 차이가 있었다. 양국의 淫祠와 성황묘는 淫祀를 지내는 곳이라는 맥락에서 비교 연구되어야 할 필요가 있다.

양국의 음사와 성황제의의 성격을 비교 연구하는 것은2) 같은 유교 문명권 아래의 동아시아 역사에서 양국 역사의 동질성과 이질성을 비교사적 관점으로 바라볼 수 있게 한다는 점에서 의미가 있을 것으로 생각된다. 조선의 사전체계 정비는 실질적으로 명나라의 영향을 많이 받았다. 유교 이념을 바탕으로 건국된 조선과 명나라의 음사와 성황제의는 대체로 비슷한 모습과 성격을 지니고 있었다. 그렇지만 시기가 내려갈수록 각기 다른 모습으로 변화하고 있었다. 명나라대 중국은 그 지리적 광대함으로 인하여 음사와 성황묘의 지역적 차이

---

2) 양국의 음사와 성황신앙 관련 비교사 연구 성과로는 徐永大,「韓國과 中國의 城隍信仰 비교」『중국사연구』12 (2001); 한형주,「麗末鮮初 祭天禮의 의례적 분석-명대와의 비교를 중심으로-」『역사민속학』45 (2014); 최종석,「여말선초 明의 禮制와 지방 城隍祭 재편」『역사와 현실』72 (2009); 최종석,「조선전기 淫祀的 城隍祭의 양상과 그 성격 -중화 보편 수용의 일양상-」『역사학보』204 (2009) 등의 논문을 우선 들 수 있다.

가 크고 다양하였다. 조선은 지리적 규모가 작아 지역별 성격 차이가 크게 나타나지 않는 모습이었다.

본 연구에서는 이상과 같은 인식을 전제로 먼저 중국의 경우 기왕에 발표된 중국 측 연구 성과들을 중심으로 검토하여 살펴보면서, 양국의 淫祠에서의 淫祀와 城隍廟에서 이루어지는 祭儀에 대한 인식과 대응을 개략적으로 비교해 보는 것을 일차적 목표로 삼는다. 다음으로 이러한 개략적 비교를 바탕으로 양국의 사례들을 비교사적으로 검토하게 될 것이다. 조선의 경우 기존 연구 성과를 참조하여 구체적이고 직접적인 자료를 중심으로 좀 더 상세하게 접근해 보려고 한다.

2. 양국의 祀典 정비와 淫祀 인식

1) 명의 사전 정비와 淫祠 禁毁

국가의 祀典 정비는 국가 통치 질서의 체계화 차원에서 매우 중요한 과제였다. 조선과 명은 건국 이후 먼저 국가 사회의 통치 질서를 확립하기 위해 法典을 세우고, 이와 같은 차원에서 예제를 마련하였다. 조선과 명나라의 국가 성립 이후의 예제질서 확립은 사전체계의 정비로 이루어졌다. 중국의 경우 1368년(洪武 원년) 명 태조의 '洪武禮制'의 반포로 사전 체제가 혁신적으로 정비되었다. 조선의 경우 이미 고려 말경 明의 권유로 보편 질서의 수용이 시작되고, 조선 成宗 때『國朝五禮儀』와 같은 禮典 관련 의례서가 명의 홍무예제 등의 자료를 참조하여 편찬되면서 사전체계의 정비가 일단락되었다.

淫祀란 『禮記』에 "祭祀를 지내지 않아야 하는데, 제사를 지내는 것을 일러 淫祀라 한다."[3]고 하였다. 예제에 합치하지 않는 제사를 국가의 입장에서 '淫祀' 혹은 '淫祠'라 한 것이다.[4] 사전을 정비할 때 민간 신앙과 연관된 음사 정책 정비는 국가의 입장에서 주요한 문제였다. 음사를 국가에서 제도적 정비라는 차원에서 관심을 두기 시작한 것은, 중국의 경우 홍무예제 반포 이후였고, 조선의 경우 여말 선초 시기 음사에 대한 인식의 전환과 함께 점차 이루어졌다. 성리학이 수용되고 있던 시기의 고려 말기에 明에서 보내온 조서를 계기로 대륙에서 새로 건국된 명나라 제도에 반영된 새로운 음사 인식을 주목하면서, 음사 이해에 대한 새로운 전환이 이루어지기 시작한 것이다.[5] 그런데 양국의 음사에 대한 정부 정책에서는 일정한 차별성이 역시 보인다. 비슷한 시기의 조선과 명나라 양국의 음사의 역사적 전개에 대해서는 같은 유교문화권이라 하더라도 국가와 지배층 및 지식인들, 일반 백성들 사이에 일정 부분 차이가 있었다.

명 태조 주원장은 건국 직후 1368년(홍무 원년) 사전을 정비하면서 '中書省에 명하여 군현을 방문하여 이름난 강, 聖帝明王, 忠臣烈士에게 제사를 지내게 하고, 有司로 하여금 매년 제사를 지내게'[6] 하

---

3) 『禮記, 曲禮』. "非其所祭而祭之 名曰淫祀 淫祀無福"
4) 趙克生·于海涌, 「明代淫祠之禁」『社會科學輯刊』146-3 (2003). 淫祠와 淫祀를 굳이 구분하자면 전자는 祭祀를 지내는 공간이며, 후자는 제사 지내는 그 자체를 의미하는 것이라 할 수 있다. 이 글에서는 각각의 의미에 따라 구분하되, 크게는 같은 의미를 지닌다는 맥락에서 사용하였다.
5) 최종석, 「조선전기 淫祀的 城隍祭의 양상과 그 성격 -중화 보편 수용의 일양상-」『역사학보』204 (2009).

였다. 그리고 제사의 대상을 취사선택하고 應祀의 범위를 규정하였다. 명 왕조의 사전체계 정비는 민간 신앙을 국가 사전에 편입시키는 방식으로 이루어졌다. 명조 국가의 사전체계는 하나의 개방적 발전 체계였으며, 역사적으로 神이 만들어지는 기제에 따라 지속적으로 민간 신앙이 국가의 사전체계로 편입되어 갔다.

홍무예제 반포 이후 사전체계는 시기가 내려가면서 조금씩 변동하였다.[7] 초기 변동의 시작은 불교와 도교부터 민간 신앙에 이르기까지 제사 체계에 들어와 제사의 정신에 변화를 불러일으키면서부터였다. 그러나 유가 사상이 주도해 왔던 사전체계와 충돌은 피할 수 없었으며, 사대부들의 반대로 변화의 속도는 감소하였다. 명대에 민간의 신앙 체계가 사전에 편입되는 경우, 皇權의 지지가 필요하였다. 다만 황권의 지지는 필요조건을 만족시켜야 했는데, 여기에 儒臣들의 지지를 얻는 것이 필수이었으며 적어도 반대는 없어야 했다.[8] 명대 유신들은 기본적으로 淫祀를 반대하였고 무신론의 소유자였으며,[9] 고대 周 나라 예치의 이상을 지향하는 古禮를 묵수하였는데, 이는 황권이 필요로 하는 요구와 계속 부딪히는 문제였다.[10] 그렇더라도 일차적으로 유신들의 반대는 현실적으로 황권을 넘어설 수 없었

---

6) 『明太祖高皇帝實錄』卷35, 洪武 元年 10月 9日. "丙子命中書省 下郡縣訪求應祀 神祇 名山大川 聖帝明王 忠臣烈士 凡有功於國家及惠愛在民者 具實以聞著於祀 典 令有司歲時致祭"

7) 李媛, 「明代国家祭祀体系研究」 (長春: 东北师范大学博士学位论文, 2009).

8) 羅冬陽, 「從明代淫祠之禁看儒臣, 皇權與民間社會」 『求是學刊』33-1 (2006).

9) 彭栋军, 「儒者反淫祀与无神论_以清代周召的_双桥随笔_为例」 『中国无神论 研究』 2011年第3期 (2011).

10) 吴恩荣, 「明代君臣礼仪冲突与礼制话语权的争夺」 『北京社会科学』 2019年第 10期 (2019).

던 한계가 있었다.

한편 淫祀의 일부는 비록 사전체계에 속하지 않더라도 제사의 대상 인물이 일찍이 민간을 위해 현저히 공을 세웠다면, 음사의 범주를 벗어나 追崇 되고 있었다. 명대의 사전 규정은 지방관이 백성들에게 은혜를 베푼 공덕이 현저하였다면, 국가는 지방에 祠堂을 세워 지방관을 표창하는 것을 허락하고 있다. 이에 따라 명대에는 지방관이 명현이었는가를 불문하고 사당과 去思碑를 사사로이 세우고 음사를 창설하기도 하였다.11) 지방관들은 온갖 수단을 부려 세력을 모아 祀典에 진입하였고, 生祠를 지어 생전에 백성들의 숭앙을 받는 영예를 누리기도 한 것이다.12) 1582년(만력 10) 예부에서 올린 상주를 보면 대량으로 生祠가 출현하여 국가 사전의 崇德報功의 교화 기능을 교란하고 있음을 볼 수 있다.13)

음사의 이단적 요소는 명나라의 정치, 경제, 윤리 등 여러 방면에서 많은 영향을 미쳤다. 정부는 통치를 유지하기 위해 원칙적으로 음사를 禁毁하게 되고, 이로써 淫祀를 금지하고 淫祠를 훼철하는 '禁淫祠制' 원칙은 명나라 일대를 관통하는 법률적 형식으로 점차 제도화하여 나갔다. 그러나 누차에 걸쳐 음사를 금지하려 하였지만 끊어지지 않았다. 그 주요 원인은 음사 자체가 명대 사회에 중요한 의의가

---

11) 『明世宗肅皇帝實錄』卷118, 嘉靖 9年 10月 17日. "上曰應祀神廟令 有司修理但 近年以來 有奸民阿奉鎭巡司府州縣等官 不問賢否 旣立祠堂去思碑 并私創庵觀淫祠"

12) 赵克生,「明代生祠現象探析」『求是学刊』33-2 (2006).

13) 『明神宗顯皇帝實錄』卷120 "鄕賢名宦關系禮典 今多濫冒 及司府州縣等官 建立生祠"

있었던 것 때문이었다.[14]

명 태조가 1370년(홍무 3)에 반포한 '금음사제'[15]에 의하면 명대 음사는 크게 세 가지로 분류되고 있다. 명대의 음사는 첫째, 사전에 등재되어 있지 않아 제사를 지내지 못하고 있는 것으로 白蓮社, 明尊教, 白雲宗 등과 같은 경우이다. 조선의 무격 신앙과 비슷하다고 할 수 있을 것이다. 둘째, 제사를 지내는 의례가 사전의 원칙에 부합되지 않는 것, 셋째, 일체 액외로 창설된 寺觀 등의 廟宇·闇堂과 같은 것은 모두 음사로 취급되었다.

명의 사전체제는 개방적 방향으로 정비되었지만, 기본적으로 국가가 사전을 확정함과 동시에 淫祀를 금지하고 음사를 하는 사당을 헐어버리는 '禁淫祀'와 '毁淫祠'를 원칙으로 하였다.[16] 이러한 사전체계 바깥에 있는 음사를 금지하는 것은 지방관의 사명이었다.[17] 즉, 지방관은 군왕의 은덕을 널리 전파하고, 백성들이 선을 행하도록 교화를 시키는 것이 사명이라는 차원에서 음사를 금휘 하였다. 조선에서 지방의 군현에 백성들을 현혹하는 淫祠가 있으면, 해당 지방관이 음사에 설치되어 있던 神像 같은 것을 강물에 투척함으로써 유교적 질서를 세우는 것과 비슷하였다. 다시 말해 지방관의 기본 임무는 통상적

---

14) 趙克生·于海涌,「明代淫祠之禁」『社會科學輯刊』146 (2003).
15) 『明太祖高皇帝實錄』卷53, 洪武 3年 6月 7日. "禁淫祠制曰 朕思天地造化 能生萬物 能生萬物: 中本物下 有能生萬物四字". 조선의 경우 丁若鏞과 李圭景 등의 실학자들은 이를 '禁淫祠制' 혹은 '撤毁淫祠'로 표현하고 있다(李圭景, 『五洲衍文長箋散稿』권43,「華東淫祀辨證說」; 丁若鏞, 『牧民心書』禮典,「祭祀」).
16) 王健,「明淸江南毁淫祠硏究 --以蘇松地區爲中心」『社會科學』 2007年第1期 (2007).
17) 趙克生·于海涌,「明代淫祠之禁」『社會科學輯刊』146 (2003).

으로 음사를 훼손하면서 학교를 건립하고 충절과 효의를 표창하며 사직단을 세우고 향리에 제사 제도의 규범을 바로 세우는 일이었다. 명나라 정부의 淫祀의 원칙적 금지보다 조선의 경우에는 후술하듯이 오히려 더한 측면이 있었던 것으로 보인다. 明朝 국가에서 '禁淫祀'와 '毁淫祠' 하는 이유는 다음의 세 가지 정도로 정리된다.[18]

첫째, 본질적으로 정치권력이 神權을 독점하기 위한 것이다. 황제는 '天子'라는 이름으로 통치 권력의 합법성을 가지는데, 음사는 국가의 사전 바깥의 일정한 지역에서 자생하여 주술적인 '顯靈'으로 국가 권력의 신권 독점을 타파한다고 보았다. 명조의 통치자들은 음사를 간사한 도적 무리가 투탁하는 악의 소굴로 변화할 가능성이 있는 것으로 보았다. 음사는 의식상 국가 종교의 제사 제도에 도전하는 것이면서 중국 역대 농민반란의 이론적 도구가 되었고, 농민을 호소하고 조직하여 일종의 神聖의 권위를 만들어 황권의 신성에 대항하는 데 사용된다고 본 것이다. 조선의 경우 유교 국가를 표방하였으므로 음사가 유교적 제도와 관념질서에 도전한다는 것으로 보는 것과 같은 표현이라 할 수 있을 것이다.

둘째, 국가는 음사를 경제적으로 사회적 재부를 손상시키는 것으로 보았다. 음사는 일하지 않은 승려들이 神道佛事에 의탁해서 백성들의 재물을 속여 뺏기 때문에 금지한다는 것이다. 이는 조선에서도 음사가 중앙과 지방의 백성들이 절용하는 것을 알지 못하게 하면서 경제적 손실을 입히는 것으로 보고[19] 음사를 부정한 제사로 보고 금

---

18) 趙克生·于海涌, 위의 논문 참조.
19) 『世宗實錄』 권93, 世宗 23년 6월 13일. "또 보통 백성들은 節用하는 것을 알지

지하려 하였던 것과 비슷한 부분이다.[20]

셋째, 음사는 예제 상으로 유교 중심의 기존 사회윤리 질서에 충격을 가하게 되는 요인이 되므로 금지되어야 한다는 것이었다. 이러한 이유는 조선에서 무속들에 의한 淫祀에서 사족의 부녀들이 행하는 기복과 추문으로 음사에 대해 부정적 인식과 태도를 지녔던 논리와 거의 유사하였다.[21] 음사는 이단으로 기존 유교 윤리의 정통에 도전하는 것으로 본 것이다.

그러나 명대에 음사가 정통에 대하여 저항하는 강력한 생명력이 있어 음사를 무조건 금지하는 효과에는 한계가 있었다. 가장 주요한 원인의 하나는 음사 특유의 기능에서 찾을 수 있다. 음사는 민간에 대하여 사회적으로 독특한 기능이 가지고 있었다. 음사는 유교가 구제하지 못하는 하층민들이 가난과 고난 등을 정신적으로 맡기는 도피처 역할을 하였다. 그래서 음사는 아주 다양한 모습으로 민간 사회에 끊임없이 자생하는 속성을 지니게 되는 것이었다. 이런 점에서 명대의 음사는 확실히 국가 제사 예제에 비하여 많은 사회적 역할과 기능이 있었던 것으로 이해할 수 있다.[22] 동시에 음사는 민간 사회의

못하옵고, 겨우 몇 말[斗]의 곡식을 수확하면 淫祀와 불공을 드리는 데에 하지 않는 것이 없어서, 만 가지로 허비하여 다 없애게 되고,.." 한편 조선 후기 실학자 李肯翊은 그의 저술에서 開城府 松岳山의 大王祭에 전국에서 물결처럼 몰려들어 제사를 지내는 경비의 소모가 한이 없었다고 하였다(李肯翊, 『燃藜室記述』別集, 「祀典典故」, 淫祀).

20) 의정부에서 부정한 제사를 금지하는 논의를 하였던 예로 들 수 있다(『世宗實錄』 권101, 世宗 25년 8월 25일). 그러나 세종은 이를 바로 수용하지 않은 태도를 보였다(『世宗實錄』 권101, 世宗 25년 9월 2일).

21) 유영숙, 「朝鮮時代 鄕村社會의 秩序變動과 城隍祠」 『江原文化研究』 7 (2002).

22) 趙克生·于海涌, 「明代淫祠之禁」 『社會科學輯刊』 146 (2003) 참조.

심리적 요구에 부응하는 역할도 있었다.

명대 각 지역 지방관의 음사 금지 정책은 실제로는 이중적인 성격을 지니고 있었다. 각급의 관료가 '毁淫祠'의 조치는 모두 같지는 않았다. 가장 큰 이유는 음사는 민간에 대하여 독특한 사회적 기능이 있었던 점 때문이었다. 음사는 유교가 구제하지 못하는 가난과 고난 등에 관한 관심이 있으므로 하여 매우 다양한 모습으로 민간에 자생할 수 있었다. 顯靈, 즉 신령이 나타나 하층민들이 정신적으로 음사에 기탁하게 하는 역할을 하게 되면서 확실히 음사는 국가 제사의 예제에 비하여 더 많은 기능과 역할을 하였다.

蘇州와 松江의 관방이 취한 毁淫祠를 보듯이 훼음사는 지속성과 보편성을 함께 갖춘 것은 아니었다. 동시에 이는 주요하게는 지방 관원의 정치 열정과 이익의 추세에 의존한 것이었고, 훼음사가 제도적인 것으로는 결핍되어 있었다. 이에 더하여 앞서 보았듯이 음사가 생산되는 것의 근원을 제거하는 것은 불가능하였고, 이로 인하여 훼음사 효과가 길게 가는 것을 보증하기가 힘들었다. 명대 중후기 이후부터 지방 지배세력이었던 士紳들이 毁淫祠 활동을 하는 과정에서 여러 가지 이해관계와 연관되어 분란이 갈수록 심해져 갔다.[23]

명대 관리들의 禁毁淫祠는 일상화된 행정 사무로서 유교 이념의 색채를 농후하게 하는 과정이었다. 그렇지만 사실 淫祠 혹은 淫祀는 민간 사회에만 존재하는 것일 뿐만 아니라, 황권을 핵심으로 하여 귀족 사회에서도 존재하였다. 여기서 儒臣들의 음사 금훼 활동은 민간

---

23) 王健, 「明清江南毁淫祠研究 --以蘇松地區爲中心」 『社會科學』 2007年第1期 (2007).

사회에 대한 것만이 아니라, 황제와 귀족에 대해서도 전개하였다. 유신들은 황권과 민간 사회가 유학 예치의 사회질서 궤도로 가도록 계속 노력을[24] 기울였다. 명대의 음사 금지 정책의 한계는 이러한 점에서 명과 조선이 대체로 비슷한 맥락에 있었다고 볼 수 있을 것이다.[25] 이러한 흐름에 속에서 지방에 거주하는 향촌 유신[26]들은 종종 과도하게 음사 훼철을 하였는데, 祀典 이외의 祠祀를 바로 淫祠로 간주하고 법을 어기면서까지 사묘를 제멋대로 훼손하기도 하였다.

2) 조선의 사전 정비와 淫祀 제재

조선의 사전체계 정비는 고려 말 명나라의 권유로 예제 관련 보편 질서의 수용이 시작된 이래 조선 건국 후 역대 왕과 신하들의 논의를 거치고, 1474년(성종 5)『국조오례의』와 같은 禮典 관련 의례서가 편찬되면서 일단락된다. 전술하였듯이『국조오례의』는 중국 여러 왕조의 예제를 참작하고 우리나라 전래의 예제나 속례를 가감하여 조선 왕조의 국가적 행사 의례 전반을 유교적 예제의 기준에 맞추어 정비할 목적으로 편찬한 것이다.[27]

---

24) 羅冬陽,「從明代淫祠之禁看儒臣, 皇權與民間社會」『求是學刊』33-1 (2006).
25) 조선의 경우 밀양 재지사족 孫起陽이 사대부가의 부녀들이 淫祀 행위에 빠지고 있는 현실을 개탄하고 있는 모습을 사례의 하나로 들 수 있을 것이다(졸저,『조선시대 영남 재지사족 연구』「제2부 제3장 17세기 초반 밀양 재지사족 孫起陽의 향촌활동」(서울: 태학사, 2015) 참조.
26) 이들은 鄕紳 혹은 紳士로 불리는 존재이다. 조선에서는 향촌의 在地士族과 같은 존재로 볼 수 있을 것이다(張東杓,「朝鮮在地士族與明清紳士的比較研究」『殿亞譯叢』第三輯 (北京: 商務印書館, 2017) 참조).
27) 김해영,「조선 초기 禮制 연구와『國朝五禮儀』편찬」『朝鮮時代史學報』55

조선에서는 국가적 의례를 吉禮, 嘉禮, 賓禮, 軍禮, 凶禮의 다섯 가지 범주로 나누어 진행하였다. 이 가운데 吉禮는 국가의 기본통치 이념과 밀접하게 관련된 국가 제사이므로 가장 중시되었다. 길례는 제례의 중요도에 따라 大祀, 中祀, 小祀로 구분된다. 이 글에서 살펴볼 城隍祠 제의는 중사로 분류되었고, 雜祀는 조선 시대에 들어와 민간의 토착 신앙과 관련된 제의를 말하였는데, 주로 산천제나 토착화된 성황제가 이에 포함되었다. 음사는 민간 신앙과 연관되어 있었으며, 산천제와 토착화된 성황제가 점차 음사로 인식되어 갔다. 불교나 도교와 무당들에 의한 제사가 음사로 규정되기도 하였다.[28] 유교의 의례 관념상 미분등 된 고려 시기의 잡사는 음사일 수밖에 없었다. 조선 시대 들어오면서 잡사는 사전이 정비됨에 따라 유교 의례 방식의 中祀에 편입되어 갔다.[29]

(1) 국왕과 유신의 淫祀 정책 대립

조선은 건국 이후 민간 음사를 비 유교적인 신앙으로 규정해서 그 시행을 원칙적으로 금지하였다.[30] 그러나 민간의 신앙으로 음사를 금지하는 것은 명나라와 마찬가지로 현실적으로 쉽지 않았던 것으로 보인다.[31] 정부는 음사의 효과적 통제를 위해 민간 신앙의 음사를 국

(2010).

28) 김철웅, 『한국중세의 吉禮와 雜祀』(서울: 景仁文化社, 2007), 146~147쪽.
29) 한형주, 「朝鮮初期 中祀祭禮의 정비와 그 운영 -民生과 관련된 致祭를 중심으로-」 『진단학보』 89 (2000).
30) 韓㳓劤, 「朝鮮王朝 初期에 있어서의 儒敎理念의 實踐과 信仰·宗敎」 『한국사론』 3 (1976).

가 제사 속에 편입시키려고 노력하였다. 정부에서는 민간 신앙을 다양하게 나누어 中祀와 小祀에 각각 편입시키고, 국가에서 제관을 파견하여 제사를 지내게 하였다. 정부는 淫祀에 대하여 유교주의 이념에 따라 원칙적으로 인정하지 않았으나, 현실적으로 음사 행위는 계속되었다. 음사의 유교화 노력은 그 효과를 얻는 데 어려움이 많았다. 이 때문에 조선 초기 음사 정책을 두고 왕과 신하들 사이에 논란이 계속되었다. 아래에서 논란의 실제를 보자.

태종대에는 무당굿을 봄가을로 제한하여 명나라의 예제에 의하여 행하게 하면서 음사를 폐지하는 것이 아니라 감소시키는 방향으로 음사를 제재하였다.[32] 그러나 1414년(태종 14)에 이르러 충청도 관찰사 許遲가 향리의 백성들이 법령을 존중하지 않고 오히려 淫祀를 행하여 '神堂'이라 칭하고 따로 里中에 세운 것은 일체 모두 불태워 없애버리고 엄격히 다룰 것을 요청하자, 태종은 초기와 달리 의정부가 다시 의논해서 시행하게 하고 있다.[33]

세종은 1426년(세종 8) 11월 사간원에서 올린 상소문에서, "산천과 성황에 사람마다 모두 제사 지내며 때 지어 술 마시고 돈을 허비하여, 집을 결딴내고 가산을 탕진한다.… 산천과 성황에 각각 그 제사가 있는데,… 이렇게 明文 없이 모두 祭典에 편입시켜 놓으면 어느 귀신이 나오지 아니하겠습니까. 바라옵건대 전하께서는 특별히 諭音

31)『定宗實錄』권6, 定宗 2년 12월 18일. "巫覡들의 淫祀가 번잡하니, 이제부터는 春秋 兩節에 한결같이 명나라의 禮制에 의하여 행하라."
32)『太宗實錄』권1, 太宗 1년 4월 13일.
33)『太宗實錄』권27, 太宗 14년 1월 18일.

을 내리시어 국무당을 停罷하시옵고…"34)라고 주장한 疏狀에 대하여, 사간원의 음사 금지 주장을 가상히 여긴다고 하였다. 그러나 세종은 이틀 후 입장을 바꾸어 조종이 이루어 놓은 법이고 옛 풍속으로 오래되어 모두 없앨 수 없겠다고 하였다.35) 음사 금지 원칙에 동의하면서도 현실적인 사정들을 고려해야 한다는 왕권과 음사를 금지해야 한다는 유신들과 대립하는 모습을 잘 보여주는 부분이다.

세종 연간에 음사 금지 문제에 대하여 계속 논의를 하였지만, 실행으로 쉽게 옮기지는 못하였다. 세종은 "淫祀의 금지는 조종 때부터 시작하였지만, 무녀들이 아직도 끊어져 없어지지 아니하였으니, 내어찌 감히 갑자기 혁파할 수 있겠는가. 비록 법은 세웠으나 실행하기는 어려울 것이다."36)라 한 바와 같이 왕이라도 음사를 쉽게 단절하지 못하는 모습을 보여주고 있다.

하지만 1397년(태조 6) 반포된 『經濟六典』37)에 실린 음사의 원칙적 금지 조례에 따라 포괄적으로 음사를 금지해 나가는 분위기가 점차 마련되어 가는 추세를 보였다. 세종대에 이르면서 儒臣들의 음사 금지 주장을 수용하는 분위기였다.38) 세종은 1431년(세종 13) 예학자 찬성 許稠(1369~1439)가 양반집 부녀들이 무당의 집에 왕래하거나 노비를 붙여주는 행위를 알리며 금지할 것을 주장하자,39) 왕은 허

---

34) 『世宗實錄』 권34, 世宗 8년 11월 7일.
35) 『世宗實錄』 권34, 世宗 8년 11월 9일.
36) 『世宗實錄』 권101, 世宗 25년 9월 2일.
37) 都堂에서 檢詳條例司로 하여금 무진년 이후에 합당이 행한 조례를 책으로 쓰게 하여 제목을 『經濟六典』이라 하여 임금께 아뢰고, 中外에 간행하였다(『太祖實錄』 권12, 태조 6년 12월 26일).
38) 『世宗實錄』 권52, 世宗 13년 5월 15일.

조의 금지 주장에 따르고 있다.

그러나 세조 연간에 이르러 왕이 음사를 금지하지 않은 것이 좋겠다고 함으로써 신하들과의 논쟁이 다시 계속되고 있다.[40] 세조는 유신들의 음사 금지 주장의 문제점을 지적하면서, 음사를 금지하게 되면 法吏 등이 오히려 부정을 저지르게 되는 소지를 안겨준다고 하였다. 음사에 대한 세조의 생각은 양가의 부인이 참여하는 음사를 구태여 금지할 필요까지 있겠는가 하는 것이었다. 세조의 음사 금지 문제에 대한 태도는 유신들과 생각이 확실히 달랐던 것으로 보인다.[41] 신하들 가운데 우승지 韓明澮의 경우는 양가의 부인을 제외하고는 금지하지 않은 것이 좋겠다는 견해를 보였다. 그렇지만 전체적으로 조선의 유신들은 부녀들이 淫祠에 가서 '남녀가 뒤섞이는' 失行한다는 부분에서 특히 음사에 대하여 부정적이었다.

왕의 음사에 대한 태도는 예종대 이후 달라지고 있었다. 예종은 1469년(예종 원년) 교지를 내려 국상 3년 동안 민가에서 풍악을 울리고 淫祀를 행하는 것은 금지하였다. 성종은 1472년(성종 3) 사헌부에서 무당집에 가서 행하는 음사를 금지하는 절목을 작성하여 올리자, 그대로 시행하게 하였다. 이처럼 시기가 내려올수록 왕의 음사에 대한 태도는 점점 다른 모습을 보여주었다.[42]

39) 『世宗實錄』권53, 世宗 13년 7월 13일.
40) 『世祖實錄』권4, 世祖 2년 5월 7일.
41) 『世祖實錄』권4, 世祖 2년 5월 7일. "내 들으니, 憲府에서 근일에 문밖에서 평민 가운데 귀신을 제사하는 자가 있으면 잡아다가 죄를 논하였다 하니, 심히 말도 안 되는 소리이다. (중략) 내가 작은 허물을 용서하여서 나라를 잘 다스리게 하려고 한다. 음사를 금지하는 것은 작은 일인데"
42) 『成宗實錄』권14, 成宗 3년 1월 4일. 司憲府에서 淫祀를 금지하는 節目을 아뢰

성종대 『국조오례의』가 편찬되는 1474년(성종 5) 이후 음사 정책의 원칙은 제도적으로 정립되는 모습을 보인다. 그러다가 1478년(성종 9) 1월 왕이 사헌부에 교지를 내려 음사 금지가 실려 있는 『경국대전』에 의거하도록 금지 명령을 내림으로써,[43] 음사 금지의 정책에 실질적인 종지부를 찍고 있다.

사림파 유학자 南孝溫(1454~1492)은 성종 9년 4월 무당과 부처를 물리쳐야 한다는 상소를 올리며, 특히 왕이 먼저 불교를 배척하고 국무당을 없애 음사를 소멸시켜야 한다고 주장하였다.[44] 같은 해 10월에는 예조에서 전라도의 부녀가 나주 금성산 淫祠에 가서 失行하는 것을 『경국대전』에 의거하여 가장과 수령에게 책임을 지우게 하자는 주장을 하였다.[45] 1491년(성종 22) 사간원 헌납 鄭鐸(1452~1496)이 사족의 부녀들이 음사를 숭상하여 풍속을 훼손시킨다고 논박하자, 성종은 이를 받아들이며 음사 금지 결정을 재차 내리고 있다.[46]

조선에서의 음사 행위는 성종 연간 음사 금지 정책이 확정되었음에도 현실에서는 도성 안과 외방에서 여전히 성행하였다.[47] 1511년(중종 6) 왕실의 대비전에서 주관하였던 付根堂에서의 淫祀 행위

기를, "1. 喪人이 무당의 집에 나아가 淫祀를 행하는 자는 家長과 巫女를 抵罪하게 하소서. 1. 神의 奴婢라 일컬어 巫女에게 주거나, 시킨 것을 들어주는 자는 家長과 무녀를 죄주고, 그 奴婢는 屬公하게 하소서. 1. 管領과 隣里에서 알고서도 告하지 않는 자는 아울러 저죄하게 하소서"하니 그대로 따랐다.
43) 『成宗實錄』 권88, 成宗 9년 1월 27일.
44) 『成宗實錄』 권91, 成宗 9년 4월 15일.
45) 『成宗實錄』 권97, 成宗 9년 10월 13일.
46) 『成宗實錄』 권257, 成宗 22년 9월 13일.
47) 『中宗實錄』 권8, 中宗 4년 6월 4일.

를[48] 금지할 것인지에 대하여 중종은 모호한 태도를 보였지만, 유신들은 계속 반대하였다.[49] 도성에서의 음사 현상은 17세기 이후의 인조 대[50]와 효종 대[51] 및 숙종 대[52]에 이르기까지 계속되고 있었다. 이상에서처럼 조선 초기 왕들의 음사 금지 문제에 대한 태도에서 기복이 있었지만, 음사 금단은 법적 제도적 측면에서 보자면 공간적으로는 도성에 거주하는 양반 사족의 부녀에 한정되어 이루어진 한계가 있었다.[53]

(2) 군현 祭儀의 淫祀化와 儒者의 대응

음사는 도성뿐 아니라 전국의 지방 군현에서도 성행하였다. 1514년(중종 9) 대사간 崔淑生은 상소에서 중앙과 지방에 巫風이 만연한다고 하였다.[54] 그 사례는 매우 많으며, 각종 지리지와 실학자들과 향촌 유학자들의 문집 속에서 매우 많이 보인다. 따라서 음사에 대한 대책들이 다양하다. 국가와 향촌에서의 사족들은 모든 제사에서 비유교적인 것을 淫祀로 규정하였다. 그렇지만 음사에 대한 제재는 중앙 정부와 향촌 거주의 사족과 입장이 조금씩 달랐다.[55] 이러한 것은

---

48) 『中宗實錄』 권13, 中宗 6년 3월 29일.
49) 『中宗實錄』 권15, 中宗 7년 5월 14일; 9년 4월 21일 ; 9년 10월 25일. 음사 금지 문제를 둘러싼 반복된 논쟁은 중종 대 소격서 폐지 논쟁과도 일부분 연계되었던 것으로 보이다(정두희, 「昭格署 폐지 논쟁에 나타난 趙光祖와 中宗의 대립」 『진단학보』 88 (1999)).
50) 『仁祖實錄』 권24, 仁祖 9년 5월 26일.
51) 『孝宗實錄』 권4, 孝宗 1년 7월 7일.
52) 『肅宗實錄』 권14, 9년 12월 2일; 권30, 肅宗 22년 1월 15일.
53) 최종석, 「조선전기 淫祀的 城隍祭의 양상과 그 성격」 『역사학보』 204 (2009).
54) 『中宗實錄』 권21, 中宗 9년 10월 25일.

앞서 본 것처럼 명나라 황권의 음사 인식이 유신들의 음사에 대한 태도와 달랐던 측면과 일맥상통하는 부분이라 할 수 있겠다.

지방의 군현별 제의는 국조오례의 가운데 주현의 吉禮 항목 속에 포함되어 있다. 일반적으로 군현 단위의 제의는 文廟와 城隍壇·社稷壇·厲壇의 '一廟三壇'을 기본으로 진행하였다. 주지하듯이 문묘는 향교에 두고 공자를 비롯한 중국과 조선의 유현들에 대한 의례를 받드는 곳이며, 사직단은 토지와 곡식의 신에게 제사를 지내던 제단이며, 성황단은 도성을 지켜 주는 성황신에게 제사를 지내는 제단이고, 여단은 주인 없는 혼령들에게 제사를 지내는 제단이다.

이 가운데 문묘 제의를 지방 사족들의 입장에서 사실상 가장 중시하였고 나머지 제의는 그다음 등급이었다. 그러나 조선 후기의 지방 수령들은 국가에서 소중히 여기는 성황단56)·사직단·여단의 제사 의식을 충실하게 거행하지 못함에 따라,57) 사직단 제의를 제외한 성황단이나 여단의 제사는 점차 음사화 되어 가는 모습을 보이기도 하였다.

한편 지방에 따라서 府君堂에서 향리들이 주관하였던 府君祭는 점점 음사의 하나로 취급되어 갔다. 부군당은 원래 조선 전기부터 한양의 각 관청에 설치하고 신을 모신 神祠였다. 그런데 부군당에서 한번 제사를 지내는 경비가 '累百金'에 이른다고 할 정도로 경비가 많이 들

---

55) 유영숙, 「朝鮮時代 鄕村社會의 秩序變動과 城隍祠」『江原文化硏究』7 (2002).

56) 정조가 四郊의 厲壇에 재앙을 물리치기를 비는 날 城隍에게 드리는 제문의 한 구절에서 "나라에 백신이 있으나 우리 성황을 으뜸으로 하니(國有百神 宗我城隍)"라 한 것처럼 조선 후기 국가 입장에서는 성황묘의 제의를 중요하게 인식하고 있음을 보게 된다(『弘齋全書』권21, 祭文).

57) 『英祖實錄』권63, 영조 22년 4월 11일; 『正祖實錄』권36, 정조 16년 11월 10일.

었다. 실학자 이규경은 부군제를 淫祀로 보았고, 도성의 목멱산 蠶頭峯의 國師堂도 淫祠로 보고 있다.[58]

조선후기 실학자 안의현감 박지원은 중앙이나 지방을 막론하고 모두 부군당이 있었다고 한다.[59] 안의현에서는 서리와 아전들이 중심이 되어 무당들을 가무와 풍악으로 부군제를 지낸다고 하였다. 안의현 부군제는 임진왜란 당시 황석산성이 함락되었을 때 순사한 현감 郭䞭[60]을 부군으로 하여 제사 지내는 제의였다. 그런데 박지원은 안의현 부군제 제의를 淫祀로 보지 않고 있다. 오히려 부군제를 지내는 祠屋이 협소하고 누추하다고 하면서 일묘삼단의 하나인 성황당을 규모를 넓혀 신축하여 제사를 지내게 하고 있음을 볼 수 있다.

향촌의 일반 吏民들은 새로운 음사 인식 내지는 세계관을 수용하지 못한 채, 국가에서 많은 부분 음사를 금단하는 조치에 대해 부정적 태도를 지녔다. 그러나 조선의 사대부들은 무당이 화장을 하는 것에 대해 효를 숭상하는 조상숭배 질서와 배치되며, 사대부 집안 부녀들의 기복과 추문 등의 무속들의 도적질서 문란, 무속에 의한 왕실과

---

58) 李圭景, 『五洲衍文長箋散稿』 권43, 「華東淫祀辨證說」.
59) 朴趾源, 『燕巖集』 권1, 「安義縣縣司祀郭䞭記」. "아! 지금 중앙의 모든 관청과 지방의 州縣에는 吏廳의 옆에 귀신에게 푸닥거리하는 사당이 없는 곳이 없으니, 이를 모두 府君堂이라 부른다. 매년 10월에 서리와 아전들이 재물을 거두어 사당 아래에서 취하고 배불리 먹으며, 무당들이 가무와 풍악으로 귀신을 즐겁게 한다."
60) 郭䞭(1661~1597)은 본관은 玄風이고, 자는 養靜, 호는 存齋이다. 의병장 金沔의 의병대열에 참가하여 공을 세웠고, 1594년 안음현감으로 임명되었다. 1597년 정유재란 때 함양군수 趙宗道와 함께 黃石山城을 지키던 중 가토[加藤淸正] 휘하의 왜군과 격전을 벌이다가 아들 郭履常·郭履厚와 함께 전사하였다(『한국역대인물종합정보시스템』).

士庶民들의 재물 낭비 등의 이유로 무속 음사에 대해 부정적 인식과 태도를 가지고 있었다. 향촌 사족들의 음사 대한 기본자세는 일단 금지하는 것이었고, 음사에 대한 제사를 막는 것이 원칙이었다.

조선에서 음사에 대한 인식이 왕과 수령과 유생들 사이에 각기 차이가 존재하고 있었다. 1478년(성종 18) 전라도 관찰사 김종직이 나주의 음사 폐단 문제에 대하여 보고하면서 경국대전에 따라 금지해야 한다고 하였다. 그런데 수령이 폐단이 있음에도 불구하고 음사 금지에 소극적인 이유는 신당의 세금을 거두기 때문이라 하였다.[61] 왕권이 일원적으로 통치 체제를 확립할 수 있고 왕권을 대행하는 수령권이 향촌을 통제할 수 있다면, 음사 제재의 방침이 그렇게 절대적이지 않았음을 말해 주는 부분이다.

조선 중기 이래 향촌 거주 재지사족은 일반적으로 향촌의 음사 풍속을 교정하는 활동을 하였다. 예를 들어 밀양의 재지사족 孫起陽(1559~1617)은 향촌에서 거주하면서 유교적 교의에 배치되는 음사를 바로잡으려는 노력을 기울이고 있었다. 이는 그가 「風神說」을 지어 曺好益(1545~1609)에게 보낸 편지 내용 중 향촌의 풍속이 귀신을 숭상하고 있다는 현실을 비판하고 있는 사실에서 잘 알 수 있다.[62] 손기양의 이러한 노력은 향촌의 사족 중심 질서를 확립하기 위한 과정의 하나였다.

조선후기 실학자들 역시 淫祠를 없애야 할 것으로 인식하였다. 이

---

61) 『成宗實錄』 권204, 成宗 18년 6월 20일.
62) 孫起陽, 『聱漢集』 권4, 「風神說與芝山先生」. 이에 대해 자세한 것은 졸고, 앞의 각주 25) 논문을 참조할 것.

익은 『星湖僿說』에서 제주목사로 부임하였던 李衡祥(1653~1733)이 음사를 과감하게 없애버렸던 사실63)을 언급하며, 음사를 훼철의 대상으로 인식하고 있음을 본다.64) 이는 정약용도 목민심서에서 이형상이 제주에서 음사를 훼철하였던 사실을 언급하는 가운데 "혹시 고을에 淫祀하는 잘못된 관례가 전해 오는 것이 있으면 土民들을 깨우쳐 철훼하기를 도모할 것이다. 만약 분명히 淫祠에 해당하는 사묘라면 아무리 전해 오는 관례가 있다 하더라도 그대로 답습해서는 안 된다"65)고 주장한 것에서도 보인다.

정약용은 또한 목민심서에서 洪允成이 나주목사가 되었을 때, 城隍祠의 신에 백성이 미혹되자 홍윤성이 그 성황사를 태워버렸던 사실과66) 안동을 거쳐 간 부사들이 능히 금하지 못했던 것을 丁彦璜이 유림들을 모아 놓고 그 괴상한 복장을 태워버리니 그 요사한 짓거리가 마침내 없어졌던 사실 등을 언급하였다.67)

그런데 지방의 수령들이 기본적으로 유교적 의례에 의하지 않은 淫祀를 금지하고, 淫祠를 훼철해야 풍속을 바로 잡을 수 있다는 자세를 취하였으나, 뜻한 바와 같이 모두 이루어지지 않았던 것으로 보인다. 1702년 제주목사 이형상이 장계를 올려 風雲雷雨壇, 산천묘, 삼

---

63) 李衡祥, 『南宦博物』.
64) 李瀷, 『星湖僿說』권4, 萬物門,「城隍廟」.
65) 丁若鏞, 『牧民心書』禮典,「祭祀」.
66) 『燃藜室記述』別集 第4卷, 祀典典故,「淫祠」.
67) 丁若鏞, 『牧民心書』禮典,「祭祀」. 조선의 儒者들은 음사를 철훼해야 한다는 당위론의 근거로 당나라 중흥에 큰 공을 세웠던 狄仁傑(630~700)이 毀淫祠를 하였던 사례를 많이 들고 있다. 정약용은 목민심서에서 狄仁傑이 강남 巡撫使로 갔을 때 지금의 절강성 吳楚 지방 1,700여 곳의 淫祠를 허물었던 사실을 근거로 들며 음사 훼철을 주장하고 있다.

성묘 등에서[68] 거행되었던 무속 의례인 음사를 과감하게 혁파하였으나,[69] 뒤에 다시 복원된 것이 그 사례이다.

즉, 이형상이 壇祀를 혁파한 후 제주에 해마다 굶주림과 癘疫이 그치지 않게 되자, 1719년(숙종 45) 제주 도민들이 이형상이 "단사를 혁파해버린 것에서 탈이 난 것이다"라 주장하며, 제주목사 鄭東後에게 다시 설치해 줄 것을 호소하였다. 이에 정동후가 사묘 복설을 요구하는 계문을 올리게 되고, 이에 따라 조정에서 香祝을 보내어 제사를 지내게 함으로써,[70] 마침내 단사의 복설이 이루어지게 된다. 이로써 지방관에 의한 음사 철폐가 아주 일방적으로 이루어지지 않았음을 짐작할 수 있는 것이다.

3. 양국의 城隍祭儀의 正祀 편입과 城隍廟

1) 명의 성황묘와 성황신앙의 성격

성황제의는 城隍廟[71]에 城隍神을 모셔두고 제의를 거행하는 의례 행위를 말한다. 성황묘는 성황신의 神像 등을 모셔두고 제의하는 장

---

68) 앞에서 언급한 이익의 『星湖僿說』과 정약용의 『牧民心書』에서 이형상에 의한 壇廟 혁파를 음사를 철폐한 것으로 보고 있다.
69) 李衡祥이 제주 지방의 음사 철폐를 단행한 전말에 대해서는 김새미오, 「병와 이형상의 제주지방 의례정비와 음사철폐에 대한 소고」『大東漢文學』63 (2020)을 참조할 것.
70) 『肅宗實錄』권64, 肅宗 45년 11월 4일.
71) 城隍廟는 명나라와 조선에서 모두 '城隍祠'와 '城隍堂' 및 '仙王堂'과 서낭당 등 다양한 이름으로 불렸다. 본고의 서술에서는 모두 같은 의미로 사용하였다.

소이다. 李瀷(1681~1763)은 "城隍이란 글자는 본래 주역 泰卦의 上
六 爻辭에서 나왔는데, 城池를 이름이니, 傳에 이른바 해자[隍]의 흙
을 파서 높이 쌓아 성을 만든다는 것이 바로 이것이다."[72]라 하였다.
조선과 명대에 이르러 양국 모두 성황제의가 국가 사전 체계 안에 正
祀의 제도로 편입되었다. 제의는 기본적으로 지방관이 공식적으로
거행하였다는 점에서 양국 모두 같았다. 그러나 시간이 지나면서 제
의를 주관하는 주체가 조금씩 달라지면서 차이를 보여주었다. 양국
의 성황묘의 규모, 성황제의의 음사적 요소와 비음사적 요소의 정도
차이, 민간 신앙과의 관계, 성황묘가 건립된 위치 등도 달랐다.

성황신앙은 시기가 내려갈수록 민간 신앙적 요소가 많이 침투하게
됨으로써 점차 음사의 성격을 띠게 되는 흐름을 보였다. 그래서 양국
모두 지방관에 의해 정식으로 제의를 지내는 대상으로서 성황묘라
하더라도 민간 신앙이 갖는 음사적 요소 때문에 지역에 따라 성황제
의의 성격과 성황묘의 향촌 내 지위가 달랐다. 중국을 다녀온 사신들
이 노정 속에서 마주친 성황묘는 그 규모가 확실히 조선의 성황사보
다 큰 것이었음이 분명하다.[73] 조선의 실학자 정약용은 목민심서에
서 중국 陸務觀의「寧德縣重修城隍記」를 인용하면서[74] 중국 성황묘
의 규모가 조선의 경우보다 매우 큰 것으로 이해하고 있었다.

성황묘는 양국 모두 지역의 수호신으로 지역 주민의 생활 전반을
관장하는 신을 모시는 사묘이다. 조선이나 명은 지방 수호신에 대한

---

72) 李瀷,『星湖僿說』제4권, 萬物門,「城隍廟」.
73) 魯認(1566~1622),『錦溪日記』(宣祖 32년) 4월 22일.
74) 丁若鏞,『牧民心書』禮典,「祭祀」.

제사가 광범위하게 유행하였는데, 이는 곧 지역 수호신인 성황신에게 제사를 지내는 과정을 통하여 지방 주민의 안녕과 사후를 심판하는 것으로 여겨져 왔다. 성황신은 중국의 민간 종교 체계 가운데 가장 중요한 신의 하나이면서, 한편으로 조정의 의지를 대표하였기 때문에 관청에서 거행하는 제사의 규모가 매우 컸다.[75] 성황신에 대한 제사는 지방에서 사회적 통제를 시행하는 매개가 되었다.

성황신앙은 중국 고대부터 水庸神에서 기원한 것으로,[76] 한나라와 위나라를 경과 하면서 연변하다가 당송 시기에 이르러 크게 유행하였다.[77] 이후 명대에 이르러 처음으로 국가 사전체계에 통일적으로 편입되었다. 이 시기 성황신 신앙은 국가 祀典에 포함되면서 유가적인 색채를 띠게 되었고, 관방과 민간에 의해 동시에 숭배되었다. 성황신앙의 제도화로 성황에 신앙적인 측면이 약화되는 대신에 유교 이념적인 성격이 강화되어 갔다. 하지만 이도 시간이 지나감에 따라 점차 성황신의 신격에 변화가 생기면서 국가 예제의 규정에서 벗어나게 되었다.[78]

성황의 기원으로서 성황은 본래 자연신으로서 숭배의 대상이었다. 그러나 시기가 내려오면서 성황의 실체는 '正人直臣'과 '忠烈義士'들로 점점 인격신화 되어 숭앙 되었다. 그 실체는 하나가 아니기도 하

---

75) 单磊,「城隍神与土地神祭祀在清代豫北地区的争夺」『河南教育学院学报』 33-5 (2014).
76) 후한 고금문 경학자 鄭玄은 '水庸'을 성곽의 垓字를 뜻하는 '溝'라 하였다. "郑玄注水庸沟也"
77) 陳江,『明代中後期的江南社會與社會生活』(上海: 上海社會科學院出版社, 2006) 第五章 참조.
78) 金智賢,『明淸時期 蘇州 地域 城隍神 信仰』(이화여자대학교 석사학위논문, 2006).

고 지역마다 많은 부분이 일치하지도 않았고, 더구나 통일된 실체도 없었다. 일반적으로 충의 열사 혹은 지방의 백성들을 행복하게 하였던 인물들을 그의 사후에 성황신으로 추존하여, 香火로 향사하면서 동시에 평안을 보장받았다.[79]

명 태조 주원장은 성황신을 숭배하여 이를 이용하여 백성의 선악과 화복을 감찰하려 하였고, 신앙 공간의 성황신 체계를 현 실세계의 관청 행정기구에 맞추어 완전한 성황신앙 체계를 구축하였다. 주원장은 역사상 유명한 賢臣과 良將을 성황신으로 봉하여 성황의 신앙을 대중에게 더욱 쉽게 납득할 수 있게 한 것이다. 명나라 초기 중앙 집권화를 추진하는 과정에서 성황묘와 성황신앙은 매우 중시되었고 지방사회를 효율적으로 통제하는 중요한 매개 역할을 하게 되었다.[80]

주원장은 1369년(홍무 2) '封京都及天下城隍神'이라는 조서를 내리고 성황묘를 정비하였다. 각지의 城隍神號를 제거하고 某府州縣城隍之神, 木主를 세우고, 소상을 훼파하고 아울러 성황묘의 규격과 형식을 규정하였다. 이로써 성황 제사는 완전하게 제도를 정비하고 정식으로 국가의 제사 체계 가운데로 들어가게 된 것이다.[81] 명 태조는 또한 각급 관리들이 지방에 부임할 때에는 모두 성황묘에 가서 제사를 지내게 하면서 청렴한 정치와 봉공, 백성을 사랑하는 결심을 밝히

---

79) 葛鵬云,「高淳古城的城隍信仰」『大衆考古』2017年第12期 (2017).
80) 陳江, 『明代中後期的江南社會與社會生活』 (上海: 上海社會科學院出版社, 2006), 254쪽.
81) 王日根,「論明淸會館神靈文化」,『明淸民間社會的秩序』(長沙: 岳麓書社, 2004), 218~229쪽.

라고 요구하였다.

중국의 고대도시에서 성황묘는 제사성과 세속성을 겸비한 공공건물로 존재해 왔다.[82] 성황묘에서 지내는 성황 제사는 성황신앙의 가장 핵심적 표현 형식이다. 그러나 일반적으로 지역에서 성황신앙과 성황묘는 여러 가지 기능을 가지고 있었다. 비를 빌어 재난을 막는다든지 민심을 달래면서 사회 갈등을 완화 시키는 역할을 하고 있다. 다음으로 권선징악, 교화 민중, 사회질서의 안정 등의 역할도 하였다. 명대 이후 청나라까지 성황신앙은 관청에서 민중에 대한 교화를 통해 사회 안정을 도모하기 위한 정부의 사상적 도구로 활용되고 있었다.[83] 성황묘는 오래전부터 민간 신앙 활동을 해온 백성들의 기대를 가득 채워온 공간이었다.

중국에서 특히 강남 지역은 당송 이래로 계속하여 성황신앙이 많이 유행하였던 곳이다. 명초에 성황 제사의 제도화가 이루어지면서 성황은 '神譜' 중의 지위가 크게 높아졌고, 영향력도 점차 확대되어 갔다. 또한, 당시 성황신앙의 官方化 경향은[84] 더욱 강해져 갔다. 다만 신앙의 주체는 광범위한 대중이었으며, 성황은 민간 풍속으로서 신앙의 형상이 오래도록 전승되면서 쉽게 변화되지 않았다. 특히 강남의 민간은 성황에 대한 송사가 끊임없이 증가하면서 유행하여 나가게 된다. 명청대 성황묘 성격의 변화 모습은 강남 지역의 특히 蘇

---

82) 廖建夏,「明清时期的城隍崇拜与广西地方社会」『广西民族师范学院学报』33-2 (2016).
83) 原野,「洪洞县城隍信仰初探」『焦作师范高等专科学校学报』33-4 (2017).
84) 명청대 성황신앙 祭儀의 官方化 흐름은 후술하는 조선의 경우 지방 守令과 鄕吏들이 주도하는 城隍祭儀와 비슷한 맥락에서 비교해 볼 수 있을 것이다.

州의 경우에서 잘 보여주었다. 소주는 전통시대부터 각종 신앙과 종교가 발달했으며, 사묘 신앙이 가장 활발했던 지역 중 하나이다. 물론 처음부터 국가에 의해 음사와 성황신에 대한 제도적 정비가 이루어지고, 성황묘를 건립하게 되면서 국가의 공식적 관리가 이루어져 왔다.

국가에 의해 성황신에 대한 규정이 생기자 소주 지역에서는 규정에 따라 성황묘가 설치되었다. 그러나 시간이 지남에 따라 성황묘의 건립자금이나 실제적인 관리는 일반 민중이나 도사, 승려의 책임 아래에 있는 경우가 다수 나타났다. 이로 보아 성황묘가 관방에 의해 일방적으로 통제되지 않았던 것으로 보인다. 이러한 부분은 성황제의의 전개 때 조선에서 수령이 주도하던 것에서 이향의 주도로 바뀌어 나간 경우와 원칙적으로 크게 차이가 없는 것으로 보인다. 그러나 성황묘의 제의가 국가의 예제 규정에서 벗어나 점차 민간이 주도해 나가는 성황신 신앙에 대해 지식인층은 심각한 우려를 표시하였는데, 이는 역으로 성황신앙이 강남 소주 지역의 지식인층에게도 깊이 신앙이 되었음을 나타낸다고도 하겠다.[85]

산서성 洪洞縣 성황제의의 경우 명대 이래 官方 제사의 핵심을 잘 보여 준다.[86] 홍동현에서는 성황묘가 건립된 이래 관부와 민중이 적극적으로 성황묘를 보수하고 제사를 지내 왔다. 한편 지방 관원이 홍동현에 부임하는 초기에 먼저 성황묘에 가서 제사를 지내고, 다음으로 風雲雷雨山川壇에 合祭를 지냈다. 조선의 경우 수령이 지방에 부

---

85) 金智賢,『明淸時期 蘇州地域 城隍神 信仰』, 2006, 참조.
86) 原野,「洪洞县城隍信仰初探」『焦作师范高等专科学校学报』33-4 (2017) 참조.

임한 이후 초기에 一廟三壇에 가서 제사를 지내는 모습과 비슷한 부분이라 할 수 있다.[87]

그런데 조선의 유신들은 중국에 사신으로 다녀오면서 마주치게 되는 명청대 북방 지역의 성황묘나 관왕묘를 불교 사찰과 같은 것으로 인식하며 淫祠로 보았다. 柳夢寅(1559~1623)은 사신 왕래 길에서 마주친 관왕묘를 사찰과 비슷하다며 음사라 하였고,[88] 조선 후기 문신이자 학자였던 李宜顯(1669~1745)도 역시 성황묘를 사찰과 같다며 음사로 이해하였다.[89]

2) 조선의 성황묘와 성황제의의 淫祀化

(1) 城隍祭儀의 正祀 체제 편입과 대응

조선에서 성황신앙과 성황묘는 주지하듯이 고려 때부터 중국으로부터 들어온 것이다. 성황신앙은 고려 초기 지방 세력에 의해 수용되었고, 조선조에는 유교적 예제에 편입되어 국가 吉禮의 祀典에도 정식 등재되었다.[90] 고려중기 이후의 성황신앙은 무속신앙과 결부되

---

87) 丁若鏞, 『牧民心書』 禮典, 「祭祀」.
88) 柳夢寅, 『於于集』 권2, 詩, 朝天錄 「關王廟」. "淫祠還類釋迦宮"
89) 李宜顯, 『陶谷集』 권29, 雜識, 「庚子燕行雜識上」. "...절 안에는 금으로 '漁陽聖景'이라고 넉 자를 쓴 額子가 있는데, 이것은 곧 강희 56년(1717, 숙종 43)에 걸어 놓은 것이다. 申時에 서낭묘[城隍廟]에 들어가 쉬었다. 이것도 역시 절이다 [申時入處城隍廟亦佛寺也]. 방 안에 나무 盆이 있어 그 잎이 푸른데 그곳의 승려가 이것은 귤나무라 한다. 또 조그만 草盆 3개가 있는데 승려가 말하기를 吉祥草로 꽃의 붉기가 난초와 같다고 한다. 이 절 오른편에 文王殿이 있는데, 그 안에는 문왕과 문왕의 어머니 太任, 부인 太姒의 像이 있었다."
90) 『成宗實錄』 권33, 成宗 4년 8월 14일조 참조. 보다 구체적인 것은 김철웅, 『한

어 사전에도 기재되지 않은 淫祀의 모습으로 민간에 성행하였다.

조선시기 성황사에서 지내는 성황제의는 건국 초부터 유교적인 명분을 기본으로 세종대 五禮의 하나인 길례 가운데 中祀로 분류되었다. 건국 직후 성황제의는 국가에서 권장하는 방향으로 이루어졌던 것으로 보인다.[91] 그러다가 성종 대에 정식 사전의 하나로 편입되었다. 고려 후기 지방의 향리가 주도해 왔던 성황제는 조선 초기 예제의 정비 과정을 거치면서 마침내 지방관이 제사를 지내는 제도권 안의 제의로 편입이 된 것이다.

조선의 성황신은 고려 말부터 명나라의 홍무예제의 영향으로 風雲雷雨·山神과 합사되고 있었다. 城隍祠에서의 제의는 厲祭의 發告祭가 되었는데, 완전히 독자적인 제사가 되지 못하여 그 위상이 낮아지게 되었다. 순창의 성황당에서 이러한 변화를 살펴볼 수 있다. 순창의 성황신은 고려 때 國祭로 받아들여졌고, 조선에 들어와 지방 향리들이 주재하는 제사가 되어 이 지역의 공동체 의례 혹은 洞祭로 변화되었다. 고려 시기 국가 제사였던 성황 제례는 조선조에 들어와 군현 단위에서 주재하는 제사로 그 위상이 격하된 것이다.[92] 조선에서도 중국과 마찬가지로 성황사의 예제는 원칙적으로 수령이 잘 살펴야 하는 것이었지만, 실제로는 제대로 잘 이루어지지 않았다. 그런데 중국의 경우는 성황묘의 예제 역할이 대체로 잘 지켜지는 것에 비해 조

국중세의 吉禮와 雜祀』(서울: 景仁文化社, 2007)을 참조할 수 있다.
91)『太宗實錄』권2, 太宗 1년 9월 24일. "文宣王의 釋奠祭와 여러 州의 城隍의 제사는 관찰사와 수령이 제물을 풍성히 하고 깨끗하게 하여 때에 따라 거행하게 할 것이며,"
92) 김철웅,『한국중세의 吉禮와 雜祀』(서울: 景仁文化社, 2007), 228쪽.

선의 경우 이보다 못하였던 것으로 보인다.

성황신앙은 조선조에 이르러 고려시기에 성황신에게 붙여주어 졌던 封爵이 제거되었고, 神像도 철거되어 神主로 대신하게 된다.[93] 1413년(태종 13) 6월 예조에서 "우리 태조가 즉위하자 본조에서 건의하기를, '各官의 城隍之神 작호를 혁거하고,[94] 단지 某州의 성황지신이라 부르게 하소서' … (중략)… 神主 1위만 남겨 두되 그 妻妾 등의 신은 모두 다 버리게 하소서. 山川·海島의 신 역시 主神 1위만을 남겨 두고 모두 木主에 쓰기를, '某海·某山川之神'이라 하고, 그 神像을 설치한 것은 모두 다 철거하여 祀典을 바루소서"[95]라고 하며 사전을 개정하여 올리자 태종은 이를 그대로 수용하고 있다.

그러나 성황제는 이렇게 하여 正祀 체제에 편입되었음에도, 시기가 내려올수록 실제에서는 많은 지역에서 淫祀로 분류되기도 하여, 정사인가 아니면 음사인가 하는 성격 부분에서 경계가 모호하였다. 사료에서 자주 나타나는 '淫祠的 城隍祠'[96]라는 표현이 이를 잘 말해준다. 성황묘 혹은 성황사, 성황당이라 불렸던 사묘는 군현마다 하나

---

93) 경상도 안동부의 三功臣廟의 경우는 삼공신의 神像이 아니라 肖像을 벽에 그려 놓고 제향을 올렸다. 삼공신묘는 1613년 '太師廟'로 개칭하였다. 삼공신은 신라 말의 혼란기에 안동의 호족으로서 후백제 견훤의 침략에 대항하여 안동지역 전체를 수호하는 안동의 치소성 성황신으로 볼 수 있다(이종서, 「고려시대 안동지역 '三功臣' 神祠의 기원과 성격」 『국학연구』 39 (2019)). 안동의 삼공신묘는 고려 시기 안동의 城隍神祠와 같은 성격의 것이었다.

94) 爵號에 대한 방식과 爵號 폐지 여부 및 神像의 설치 여부 등은 명나라와 차이를 보였던 부분이다.

95) 『太宗實錄』 권25, 太宗 13년 6월 8일.

96) 정승모는 나주의 금성산 성황사가 음사화 된 성황사의 모습을 분석하면서, 이를 '民間化 한 城隍祠'로 표현하였다(정승모, 「성황사의 민간화와 향촌사회의 변동」 『태동고전연구』 7 (1991)).

씩 설치되어 있었으며, 조선 후기에 이르면서 여기에서 이루어진 제의가 점차 민간화 되어 가게 된다. 성황당은 '仙王堂'[97])이라 잘못 불리기도 하였다.

淫祠的 성황묘 혹은 성황사, 淫祀化 된 성황제의의 모습 등은 조선 중·후기 유학자들의 문집에서 자주 언급되고 있다. 유학자 李玄逸 (1627~1704)이 삼척 부사를 지낸 金孝元(1542~1590)의 묘갈명을 지으며, "고을에 금비녀 하나가 있었는데, 민간에서 신라 때부터 전해 오는 오래된 물건이라고 하면서 백성들이 신명처럼 신봉하며 성황사에 모셔 놓고 매사를 반드시 그것에게 고한 뒤에 행하여 심히 미혹되어 있었다. 공이 고을의 자제 중에서 식견이 있는 자들을 데리고 직접 그 淫祠에 가서 비녀를 꺼내 불 속에 던져 버리고 사당을 깨끗이 치운 다음 城隍神板을 봉안하고 법대로 제사를 지내자 이때부터 기후가 고르고 풍년이 들어 사특한 일이 일어나지 않으니…"[98])라 한 것에서 淫祠化 되어간 성황사의 한 단면을 볼 수 있다.[99])

조선 정부에서 사전체계 정비는 중앙집권화를 위한 하나의 방편이었고, 지방 통치를 위해서 군현제의의 제도화는 필연적이었다. 이 과정에서 고려 시기 향리에 의해 주도되었던 성황묘 제의는 文廟와 社稷壇, 厲壇에서의 제의와 함께 대표적인 군현 단위 제의로써 유교 예제에 따라 정비되었다. 정약용은 군현에서 지내는 제사를 큰 틀에서

---

97) 李圭景,『五洲衍文長箋散稿』권43,「華東淫祀辨證說」.
98) 李玄逸,『葛庵集』別集 권4,「通政大夫行永興府使贈嘉善大夫吏曹參判省庵金公墓碣銘」.
99) 삼척 성황제에 대해서는 윤동환,「삼척 읍치성황제의 지속과 변화」『실천민속학연구』16 (2008)을 참조.

'일묘 삼단에 제사를 지낸다.'라고 표현하였다.100) 기우제나 향교석
전례도 군현의 제의였다. 淫祀의 성격으로 변질하였던 향리들이 주
관하는 府君堂에서의 府君祭도 제의의 하나였다.101)

정약용은 일묘삼단의 제의에서 가장 중시한 것은 문묘와 사직단으
로 수령이 직접 제사를 지내야 한다고 한 데 비하여 여단이나 성황단
에는 몸소 가지 않아도 된다고 하였다. 대신 사람들을 보내어 봉심하
게 하는 것이 옳다고 언급하였다.102) 정약용은 목민심서에서 중국의
경우는 전통적으로 성황신 제사가 사직단 제사보다 격식이 높은 것
으로 이해하였다.103) 조선 후기의 지방관이 주도하는 읍치 성황제는
군현 내 재지사족 주도의 문묘 제례 등과 비교해서 그 품격의 우열을
가리기 힘들었다. 지방관 주도의 제례는 향리들이 집전하여 주도하
는 다양한 형태의 제의와 병존하였다.104) 읍치의 성황제는 원칙적으
로 지방관에 의해 거행되어야 했지만, 점점 많은 경우 향리나 훈도
등에 의해 거행되었다.

군현의 속현과 임내와 같은 중앙 권력과 지방관의 영향력이 제대
로 미치지 않는 곳의 경우에는 '음사적 성황묘'가 많았던 것으로 보인

---

100) 丁若鏞, 『牧民心書』 禮典, 「祭祀」.
101) 정승모, 「민간신앙」 『신편 한국사』 35 (1998), 168쪽.
102) 丁若鏞, 『牧民心書』 赴任, 「上官」.
103) 丁若鏞, 『牧民心書』 禮典, 「祭祀」. "唐나라 이후에는 군현에서 모두 성황신에
　　게 제사를 지내왔고 오늘날까지도 오히려 삼가 받들고 있다. 守令이 謁見하는
　　데에도 그 의식이 다른 神祠보다 격식이 높다. 社稷이 아무리 높다 하나, 다만
　　令式에 따라 제사 지낼 뿐이고, 祈禳·報賽는 유독 성황신에만 시행하니 그 예
　　가 도리어 중하지 않은가."
104) 朴道植, 「강릉 단오제 主神 교체의 시기와 역사적 배경」 『地方史와 地方文化』
　　22-1 (2019).

다. 관권의 영향력이 미약할수록 종래의 관습이 유지되고 있는 상황에서 香徒와 같은 촌락공동체에 의해 지방색이 강한 음사가 그대로 행해지기도 하였다. 정약용은 모든 신의 주재자인 수령이 부임한 후 일묘삼단의 참배 순서에서 성황단 참배를 가장 뒤쪽 순서로 위치 지우고 있다.105)

조선중기 문신이자 유학자인 金誠一(1538~1593)은 성황묘 제의는 원칙대로 하되 일반 백성들이 음사를 좋아한다면 반드시 금지시켜야 한다고 하였다.106) 문신 裵龍吉(1556~1609)의 경우 '주현의 祀典 제의 원칙이 무너지고 있는 것은 이를 하급관리에게 맡기는 데서 비롯된 것'107)라 하였는데, 이는 성황 예제가 잘 지켜지지는 못하였던 현실을 지적한 것이다. 여기서 하급관리란 향리 계층으로 지역에 따라 성황제 풍속의 주관자가 향리 계급으로 굳어지기도 한 것으로 보인다.

(2) 성황묘의 음사화 흐름

조선 초기 이후 시기가 내려올수록 성황묘는 음사화 되는 현상을 보여주었다. 1516년(중종 11) 참찬관 金安老(1481~1537)가 "淫祠라는 것은 외방의 성황당 같은 것입니다. 때때로 성황신이 내려왔다는 말이 나면 한길을 메우도록 사람이 몰려드니, 어찌 이처럼 이치에 없는 일이 있을 수 있겠습니까"108)라 하였고, 같은 해 정언 任權이 "또

---

105) 丁若鏞, 『牧民心書』 赴任, 「上官」.
106) 金誠一, 『鶴峯集』 권6, 雜著, 風俗考異, 「好祀鬼神修宮室註云云」.
107) 裵龍吉, 『琴易堂集』 卷6, 行狀, 「先考通政大夫守黃海道觀察使兼兵馬水軍節度使府君行狀」.
108) 『中宗實錄』 권25, 中宗 11년 6월 3일.

한 외방의 성황당 및 모든 무당의 짓은 마땅히 일체 금단해야 합니다"109)라 한 바에서처럼 음사화 흐름이 점차 나타나고 있었다. 이같은 음사화 현상은 중국의 명청대 성황묘가 관방적 요소가 기본이지만, 일부에서는 민간 신앙적 요소가 점점 심해져 갔던 흐름과 비슷하다고 볼 수 있을 것이다.

나주 금성산의 성황사는 음사와 같은 성격을 보여주고 있는 대표적 사례이다. 중종 26년 사헌부에서 藍浦 현감 洪繼浩가 탐학하여 백성들을 괴롭히고, 그의 딸을 시집보낼 때 나주 금성산의 성황사에 보내 하루를 묵게 하여 신에게 먼저 시집을 보내고 남편에게 시집보낸다고 하여 파직시켜야 한다고 주청하였다.110) 이때의 나주 금성산 성황사는 바로 음사화 된 사당의 성격을 지니고 있었다.111)

조선의 성황묘에 대하여 지방관들이 어떤 태도를 가졌는지 영남의 남부지역 사례를 통하여 좀 더 살펴보도록 하자. 먼저 咸安 지역의 경우, 유교적인 社稷壇을 신축하고 이를 각 방리까지 확장한 것과 반대로 여기서는 성리학을 이념으로 하는 재지사족 세력이 향촌 사회 운영을 주도하면서 성황단이 음사적인 것으로 인식되면서 점차 밀려나는 처지였다. 사직단을 신축하고 이를 각 방리까지 확장한 것과 반대로 淫祠的 사우로 취급되던 함안의 성황단은 사족지배 체제가 향촌사회에 자리 잡아나가는 것과 함께 상대적으로 사족들의 관심에서

---

109) 『中宗實錄』권26, 中宗 11년 10월 22일.
110) 『中宗實錄』권71, 中宗 26년 6월 16일.
111) 이미 성종대에 나주 금성산에서는 淫祀로 인한 부녀의 실행 문제로 계속 논란이 되고 있었다(정승모, 앞의 논문(1991) 참조).

멀어지고 있었다.[112]

당대 대표적 유학자 鄭逑(1543~1620)의 함안군수 부임을 전후로 사직단의 정리와 함께 淫祠와 같은 기구들이 철거되어 갔던 것은 함안에 재지사족 중심의 향촌질서가 확립되어 간 흐름과 맥락을 같이 하고 있었다. 정구는 자신의 전임 군수 張範(1568~1573 재임)이 음사를 정리하고 서원을 건립하는 등의 업적을 남긴 것을 두고 그를 名宦으로 평가하기도 하였다.

정구는 자신이 편찬한 『咸州誌』에 전임 함안군수 장범이 '성황단에 대하여 吏民이 집을 지어 木像을 안치한 곳이며 이로써 淫祠로 하였는데, 1569년(선조 2) 장범이 성황단 북쪽에 서원을 세우면서 성황단을 군의 남쪽 6리 떨어진 곳에 옮기고 兹山 위에 있는 淫祠는 성황단의 뒤로 옮겼다가 1586년(선조 19)에 철거하였다'[113]고 기술하였다. 이처럼 정구가 본 함안 성황단의 이전과 철거 사실은 사족 중심의 향촌지배질서로의 변화와 맥락을 같이 하는 것으로 볼 수 있을 것이다.[114]

조선의 성황사는 선초 국가 차원의 祀典 정비를 거쳐 군현의 祭儀의 하나로 자리 잡으며 제도화되었지만, 점차 수령과 사족들의 의해 통제를 받았다. 시기가 내려가면서 성황제의는 규정된 대로 제대로 致祭 되지 못하는 것으로 변하고 있었다. 그렇지만 조선 중기 유교

---

112) 졸저, 『조선시대 영남 재지사족 연구』 「제1부 제1장 함안지역 재지사족의 형성과 향촌지배」 (서울: 태학사, 2015) 참조.
113) 『咸州誌』, 「館宇」.
114) 유영숙, 「朝鮮時代 鄕村社會의 秩序變動과 城隍祠」, 2002 참조.

지식인들의 성황신에 대한 태도가 반드시 일률적인 것은 아니었다. 이 시기 지식인들은 기본적으로 유학자들이었지만, 이들은 당시 사회풍속으로서 자리 잡은 성황제의와 음사에 대하여 조금씩 다른 인식을 하였던 것으로 보인다. 그 사례로서 조선 중기 대표적 유교 지식인이었던 정구와 許筠(1569~1618)의 경우를 먼저 들 수 있다.

정구와 허균은 같은 유학자이지만, 정구는 정통 성리학의 원리에 충실하고 허균은 양명학적 입장을 가진 점에서 차이가 있다. 정구의 성황신과 음사에 대한 태도는 국조오례의의 원칙에 충실하고 음사는 단호히 배척하는 모습을 보였다. 이는 정구가 편찬하였던『함주지』와 그의 문집『寒岡集』등에서 잘 보인다. 허균은 음사를 옹호하지는 않았지만, 무조건 배척하지 않는다. 이는 그의 작품「譴加林神」[115]을 보면 알 수 있다. 허균은 작품에서 神像을 세워둔 咸山의 성황묘에서 제사를 지내 왔던 巫堂과 儒學의 음사에 대한 입장 차이에서 발생한 갈등을 중재하려는 모습을 보여주고 있다.[116]

앞서 보았듯이 조선 후기 국가와 재지사족들은 모든 제사에 있어서 비 유교적인 것을 음사로 규정한 것은 동일하였다. 다만 음사를 제재 방식에서는 중앙 정부와 향촌 거주의 사족과는 생각이 달랐다. 국가의 왕권은 일원적 통치 체제의 확립, 왕권을 대행하는 수령권이 향촌을 통제할 수 있다면, 음사 제재 흐름이 그렇게 절대적이지는 않

---

115) 許筠,『惺所覆瓿稿』권12, 雜文,「譴加林神」.
116) 갈등 중재의 구체적인 과정에 대해서는 김풍기,「허균의『견가림신』(譴加林神)에 나타난 민속지(民俗誌)적 성격과 그 의미」『한문학논총』50 (2018)을 참조할 수 있다.

앗다. 그렇지만 재지사족들은 자신들의 향촌 기반을 안정되게 하려면 향촌질서를 자신들 중심으로 즉 성리학 가치체계에 맞게 확립해야 했기 때문에 음사에 대해 왕권보다 좀 더 부정적 자세를 가지고 있었다.[117] 요컨대, 일반적으로 조선 후기 유자들의 성황사와 음사 인식은 대체로 정구의 입장과 비슷하였다. 그러나 아래 사례와 같이 모든 재지사족들이 음사적 성황묘에 대해 비판적인 것만은 아니었다.

한편 18세기 밀양의 재지사족으로서 향촌 유교 지식인이었던 孫思翼(1711~1795)이[118] 지은 밀양의 성황사 기록 「推火山遺祠記」[119]를 보면, 이전 시기 유자들의 성황사 인식과 다소 다른 모습을 보이고 있다.[120] 손사익은 추화산유사기에서 밀양손씨의 후예로서 시조인 손긍훈을 음사의 대상으로 생각하기보다는 오히려 유교적 덕목의 실천자로 재탄생 시키려 하였다.

애초 밀양지역 수호신의 상징성을 지닌 孫兢訓은[121] 고려 이래로 官享을 받는 성황신으로 관으로부터 공식적인 인정을 받은 존재였고, 유교 사회에 들어서도 변함없이 성황신으로 숭배를 받았다. 그러

---

117) 李泰鎭, 「士林派의 留鄕所 復立運動」『진단학보』 34·35 (1972·1973).
118) 손사익에 대해서는 졸고, 「조선후기 향촌 재지사족의 동향과 향촌사회 활동 - 18세기 밀양지역 향촌지식인 사례를 중심으로-」『지역과 역사』 45 (2019)를 참조.
119) 孫思翼,『竹圃集』권3,「推火山遺祠記」.
120) 밀양의 성황사는 함안과 달리 밀양부사 하진보(1530~1585)가 1580년(선조 13) 城隍祠를 성내로 옮겨 정비하였다(鄭仁弘,『來庵集』권13, 碑文,「司諫河公墓碑銘」).
121) 손긍훈은 고려 태조 왕건을 보좌하여 공을 세웠으며 사후에 밀양의 성황신으로 人格神話 하면서 추앙된 인물이다(『新增東國輿地勝覽』, 권26, 密陽都護府, 祠廟, 城隍祠).

나 손긍훈은 조선 왕조 들어 규제의 대상으로 전락해 나가게 된다. 이는 사회의 유교화와 함께 전통적인 성황신앙이 음사화 되어 나간 탓이었다. 그렇지만 조선 후기에 이르러 다시 官享을 받는 위치로까지 처지가 뒤바뀌어 나가게 된 모습을 볼 수 있게 된다.[122]

조선후기 밀양의 유력 재지사족 밀양손씨[123] 손사익은 「推火山遺祠記」에서 손긍훈을 "옛적 영웅호걸의 비범한 인사는 죽어서도 거룩한 자취를 드러내었으니, 촉한의 한수정후와 장휴양이 그중 탁월하여 더욱 기이한 것인데, 우리나라의 東京誌나 오랜 집안의 家乘에 실려 있는바 죽어서 어느 산의 산신령이 되었다고 한 것을 그 비밀스러운 자취가 또한 이상하여 근거 없는 거짓이라고 여길 수 없는 점이 있어 巫風으로만 치부할 수 없음이 분명하다"라고 한 바처럼, 淫祀의 대상으로만 인식하지 않았다. 밀양지역의 수호신 손긍훈은 관향을 받는 성황신으로 관으로부터 공식적인 인정을 받은 존재가 되고, 조선 후기의 밀양 유교 사회에서 성황신으로 계속 숭배를 받았던 존재가 되었다. 이 부분에서 손긍훈에 대한 관향은 중국에서 城隍祭儀가 官方化 되는 현상과 비슷한 맥락에서 이해할 수 있을 것이다.

---

122) 이에 대한 구체적 내용에 대해서는 邊東明, 「城隍神 金忍訓·孫兢訓과 梁山·密陽」『韓國史學報』22 (2006) 참조.
123) 밀양의 유력 재지사족 가문의 동향에 대해서는 졸저, 『조선시대 영남 재지사족 연구』「제2부 제1장 임진왜란 전후 밀양 재지사족의 동향과 향촌지배」(서울: 태학사, 2015)를 참조.

4. 맺음말

이상에서 朝鮮과 明의 淫祀와 城隍祭儀에 대한 양국의 인식과 대응에 대하여 비교사적 관점에서 고찰해 보았다. 유교 문화에 바탕을 둔 양국의 음사와 성황제의에 대한 인식과 그 대응은 대체로 서로 비슷한 성격을 보여주었지만, 차별성 역시 일정 부분 있었다. 아래에서 지금까지 논의된 내용을 간략하게 요약해 보고자 한다.

조선과 명 양국의 祀典 정비는 국가 통치 차원에서 매우 중요한 과제였다. 명 태조는 건국 직후 洪武禮制 반포로 사전을 정리하면서 음사 정책도 정비하였다. 그러나 음사의 이단적 요소로 정부는 통치를 위해 원칙적으로 음사를 禁毀하게 되고, 이로써 명나라 일대를 관통하는 법률적 형식으로 제도화하게 된다. 국가가 사전을 확정하면서 음사가 국가의 권력과 제사권에 도전하는 이단적 요소와 경제적으로 사회적 재부의 손상, 유교 중심의 사회윤리 질서에 대한 충격 때문에 '禁淫祀'와 '毀淫祠'를 원칙으로 한 것이다. 그러나 명대에 음사가 정통에 대하여 저항하는 강력한 생명력이 있어 이를 금지하는 효과는 한계가 있었다. 명대 각 지방관의 음사 금지에 대한 정책은 실제로는 이중적인 태도를 보였다. 각급의 관료가 음사를 禁毀하는 조치는 모두 같지는 않았다. 음사는 민간에 대하여 사회적으로 독특한 기능이 있었던 점 때문이었다. 명의 이러한 음사 금지 정책의 한계는 조선과 대체로 비슷하다고 볼 수 있다.

조선의 사전체계 정비는 성종 대 國朝五禮儀 반포로 일단락된다. 국가의 입장에서 사전을 정비할 때 민간의 음사 정책은 비 유교적인 신앙으로 규정해서 시행 금지를 기본으로 하였다. 사족들의 음사 대한 자세는 부정적이었고, 일단 막는 것이 원칙이었다. 조선에서 국가와 지방의 사족들은 모든 제사에 있어서 비 유교적인 것을 淫祀로 규정하였다. 그러나 그 제재에서는 중앙 정부와 향촌 거주의 사족과는 입장이 조금씩 달랐다. 명나라 皇權의 음사 인식이 일반 儒臣들과 달랐다는 측면과 일맥상통한다. 조선의 儒臣 김성일은 城隍廟 제의는 원칙대로 해야 하며, 백성들이 음사를 좋아하더라도 반드시 금지시켜야 한다는 주장을 하였다. 조선의 재지사족은 일반적으로 향촌의 음사 풍속을 교정하는 활동을 주요 사명처럼 여겼다. 지방 수령들은 기본적으로 淫祀를 금지하고, 淫祠를 훼철해야 풍속을 바로 잡을 수 있다는 撤毀淫祠의 자세를 취하였다. 그렇지만 뜻한 대로 모두 이루어지지 않았다. 지방 수령의 음사 철폐가 아주 일방적이지는 않았다.

성황묘는 주지하듯이 조선과 중국의 전근대 역사에서 지역 사회를 수호하고 주민 생활 전반을 관장하는 神과 신상을 모셔두고 제의를 지내는 장소이다. 조선과 명나라 모두 城隍祭儀가 正祀 체계 안에 제도적으로 편입되었다. 이로써 지방 수호신에 대한 제사가 광범위하게 유행하였는데, 곧 城隍神을 제사 지내는 것이었다. 성황신은 본래 자연신으로서 숭배하다가 시기가 내려오면서, 성황은 正人 直臣과 忠烈한 義士를 모셔 놓고 성황제의를 실천하였다. 중국의 성황묘는 지방사회를 통제하는 매우 중요한 역할을 하고 있었다. 중국의 전근대 도시에서 성황묘는 祭祀性과 世俗性을 겸비한 공공건물로 존재해 왔다. 성황묘에서 지내는 성황제사는 성황신앙의 가장 핵심적 표현

형식이었다. 명청대 성황묘 성격의 변화 모습은 소주지역의 사례처럼 강남 지역에서 잘 보여주었다.

조선에서 성황신앙과 성황묘는 주지하듯이 고려 때부터 중국으로부터 들어온 것이다. 城隍神은 고려 말부터 명나라 홍무예제의 영향으로 풍운뇌우·산신과 합사되고 있었다. 성황사에서 지내는 제의는 조선 성종 대 국조오례의 정식 의례 가운데 中祀로 편입되었다. 성황제는 정사 체제에 편입되었음에도, 실제에서는 많은 지역에서 淫祠로 분류되어 갔다. 성황사의 제의는 군현의 一廟三壇 제의 중 厲祭의 발고제가 되었는데, 정식으로 완전히 독자적인 제사가 되지 못하다가 그 위상이 점점 낮아지게 되었다. 조선에서 성황제의가 淫祀的 성황묘 제의로 성격이 점차 변화하였다. 함안의 경우 사직단의 신축과 각 방리까지의 확장과 반대로, 淫祀的로 사우로 취급되던 함안의 성황단은 사족들의 관심에서 멀어지는 모습을 보였다. 조선 후기에 이르면서 유교 지식인들의 성황묘에 대한 인식은 당시 사회의 풍속과 관련하여 훼음사의 태도를 기본적으로 가졌다. 그러나 모두가 그런 것은 아니었다. 고려 이래 밀양지역의 수호신으로 숭앙되어 온 손긍훈이 조선 후기에도 밀양 사회에서 성황신으로 계속 숭배를 받고 있었다. 손긍훈에 대한 관향은 중국에서 城隍祭儀가 官方化 되는 현상과 비슷한 맥락에서 이해할 수 있을 것이다.

제5장

朝鲜在地士族与明清绅士的比较研究

朝鲜在地士族与明清绅士的比较研究

* 本章由吕海泽翻译本书第一章的论文，经李华子校对后刊登在中国社科院学术刊物《欧亚译丛》第3辑(商务印书馆，2017年)。

【摘要】 本文比较考察了朝鲜(李朝)乡村社会支配层在地士族和明清乡村社会支配层绅士，对其出现的时间和活动内容等进行了比较。在前近代两国的乡村支配层，虽然各自的称呼不同，但所起的作用和性质差别不大。两国乡村支配层的产生都是通过科举制和学校制的结合培养人才的。他们在乡村活动的内容和性质也很相似。朝鲜的在地士族和明清的绅士层都是乡村社会的支配层。朝鲜从16世纪中期以后，逐渐形成了士族支配体制，明清则通过绅士制度实施中央权力对地方的统治。虽然两国乡村支配层的用语、形成过程和存在样态各不相同，但是在乡村社会所起的作用和向乡村社会支配层的转变过程，没有本质的区别。两国的乡村支配体制形成的时间稍有差异，在中国，明代就出现了绅士层，在朝鲜要到16世纪中期才形成士族的法定地位，特别是在壬辰倭乱中开展义兵活动的阶层及其后裔成为乡村支配层，巩固了在地士族的地位，在明清则很难找到与战争有关的乡村支配层的变化。在朝鲜，在地士族势力通过形成乡论和政治性公论主导舆论，而明清绅士层则通过针对国家权力的乡村舆论的代言来

发挥调停者的作用。

【关键词】 乡村支配层, 在地士族, 绅士, 士族支配体制, 绅士制度

前言

本文对朝鲜时期(李朝)以郡县为单位的支配层在地士族,与明清时期社会支配层绅士层,进行了比较研究,对其出现和在乡村的活动内容等进行了比较研究。[1]作为推动两国前现代乡村社会发展的支配阶级,他们在国家和社会中占有重要比重,在维持维近现代国家社会方面,起着重要的作用。乡村在地士族和绅士层的出现,以及所建立的士族支配体制和绅士制度,从本质上看有很多相似性,比如在乡村活动的内容和特点,以及在乡村社会运营中所起的作用等都很相似。

两国乡村社会的比较研究,是对同属于儒教文明圈的两个国家和乡村支配权力结构的比较研究,因而是有意义的。这种比较研究,对于理解宏观层面的东亚史会有所帮助,但是从这种视角的切入还比较少,对两国乡村社会史的比较研究更是寥寥无几。[2]中国学界有关两国乡村社会史的比较研究也几乎是空白。

本文试利用韩国庆尚道地区乡村社会史的研究成果,主要以密阳、咸

---

1) 本文是 2012年11月笔者参加在中山大学举行的"第13届中国韩国学大会"时提交论文的修订搞。

2) 有关乡村社会史比较研究的成果有,李树焕:《安东和徽州的书院教育比较研究》,《安东学研究》5(2006);陈联:《中国徽州与韩国岭南书院比较研究》,《安东学研究》5(2006);李树焕:《朝鲜朝岭南与清代山东的书院比较研究—以人的组织和经济基础为中心》,《民族文化论丛》46(2010);郑震英:《韩国和中国的宗教社会比较研究(1)——以徽州和安东为中心》,第24届东亚文化学会学术会议发表文章,2012年等。

安、清道等在地士族活动为中心,[3)]与明清时期中国乡村支配层的地方统治和乡村活动的研究成果进行比较,以便为今后两国的相关研究抛砖引玉。本文先考察两国乡村支配层的用语,再考察两国地方统治方式士族支配制和绅士制的内容和特点,最后通过比较两国乡村支配层的活动内容,加深理解前近代两国乡村社会的性质。

一、 两国乡村支配层的用语

乡村支配层是什么? 两国的用语有何不同? 乡村支配层并非国家层面的,而是以乡村社会为单位, 在政治、经济、社会及文化等领域, 与中央派遣的地方官一起,主导乡村社会运营的阶层。两国的乡村支配层并非同一时间出现,越往后期,其在乡村的影响力和地位等产生差异。 比如在朝鲜,越往后期,在地士族的影响力减弱,新的势力抬头; 而在中国,乡绅通过自身变化以多种方式保持影响力。

那么,"乡村"在两国有何不同呢?"乡"本来是周代的地方行政单位,大约为12500家。周代的地方行政单位包括比、闾、族、党、州、乡等。这其中,5户为1比,5比为1闾,4闾为1族,5族为1党,5党为1州,5州为1乡。[4)]从周

---

3) 详见张东杓:《16、17世纪清道地区在地士族的乡村支配及其特点》,《釜大史学》22(1998);张东杓:《朝鲜中期咸安地区在地士族层的形成和乡村支配》,《釜山史学》37(1999);张东杓:《壬辰倭乱前后密阳在地士族的动向》,《历史与现实》55(2005);张东杓:《礼林书院的重修和金宗直的追崇活动》,《历史与境界》64(2007);张东杓:《17世纪岭南地区在地士族的动向和乡村社会—以密阳在地士族李而桢为中心》,《历史与境界》68(2008);张东杓:《17世纪初密阳在地士族孙起阳的乡村活动》,《韩国民族文化》34(2009);张东杓:《17世纪密阳在地士族朴寿春的乡村活动和道统意识》,《历史与境界》83(2012)等。
4) 参见《周礼》"地官司徒"。

代到明清,乡里制度一直作为地方乡村的基本单位而变化和发展。[5]前近代两国的"乡"都是从这里来的。[6]虽然朝鲜郡县单位的乡比中国的规模要小,但是乡村是与中央相对应的概念,在行政区域上属于地方的郡县单位,这一点与中国相同。乡村的在地士族就是指以郡县为单位的邑的支配阶层。

朝鲜的在地士族和明清的绅士、乡绅、士绅,都是地方社会的支配层。他们位于平民之上,是拥有特权的支配层。他们依靠特权和支撑权力的儒教文化,来统治众多的乡村民众。虽然两国的乡村支配层的用语、形成过程和存在样式各不相同,但是在乡村所起的作用和在乡村中转变为支配层的过程,从大的框架来看,没有本质的差别。

朝鲜的乡村支配层,学界一般称之为"在地士族"或"乡村士族"。[7]朝鲜支配层的全体包括两班、贵族、士族、士大夫、士夫,品官,士族,乡族,儒乡等,这其中,一般的用语为两班、贵族、士族、士大夫和品官等。地方的支配层则称之为士族、乡族、儒乡等。[8]可见,无论是中央还是地方,士族是支配层的统称。士族即士大夫之族属,在法制上也有规定,所以士族一词用起来最贴切。从法制的角度来看,士族指本人是生员或进士,或者本人的本家或娘家有显官,以及文武科及第者的子孙等。显官包括东西班正职5品以上,或者监察、六曹郎官、部将、宣传官、县监等。[9]

---

5) 有关乡里制度,参见骆正林:《中国古代乡村政治文化的特点—家族势力与国家势力的博弈与合流》,《重庆师范大学学报(哲学科学编)》2007年第4期。
6) 高英津:《朝鲜中期乡礼认识的变化》,《国史馆论丛》81(1988)。
7) 有关朝鲜乡村支配层的研究,详见金仁杰:《朝鲜后期乡村社会的变动研究—以18、19世纪"乡权"担当层的变化为中心》,首尔大学博士论文,1991;郑震英:《朝鲜时代乡村社会史》韩吉社1998年;金炫荣:《朝鲜时代两班和乡村社会》,集文堂1999年;金盛祐:《朝鲜中期国家和士族》,历史批评社2001年。笔者在研究中,也使用了"在地士族"的概念。
8) 参见金炫荣前引书,有关南原地方士族社会的形成部分。
9) 参见《各司受教》"刑曹受教"。

在地士族有必要从历史的范畴去认识,它是指与在京对应的作为地域范围的"在地",与吏族相对应的作为身分的"士族"的复合词。在地士族在乡村社会中属于中小地主,自16世纪中期以后逐渐形成以其为中心的乡村支配体制。在此过程中,他们组织和构建了儒乡所、乡案、乡规等,还建立了书院,以及成为实施乡约、洞契、洞约的主体势力,主导了乡村社会的支配秩序。[10]

如果说,朝鲜时期乡村支配层发挥作用的基本单位是乡村,而乡村的支配层是士族,那么所谓乡村"在地士族"的用语是最合适的。换言之,在地士族主导了郡县这一行政范围和乡村这一地域范围的秩序。在地士族当然也包括曾经担任中央官职的人员。但是比起现职官员,它主要指无官职而居住在地方的士族。除了法制上的规定,在乡村判断是否是士族时,一般要考察官职、财产、通婚关系及儒教教养等,这是一般的标准,但其中官职是最主要的标准。

明清时期中国的绅士层,分别用乡绅、绅士、士绅、绅衿、缙绅、士大夫等来称呼。随着明清社会经济秩序的变化,乡村支配层的指称逐渐缩小为乡绅、绅士、士绅等,[11]这是在不同的历史时期形成的概念。[12]乡绅、绅衿、缙绅概念和绅士、士绅概念,意思相互重叠和交叉,不同的学者使用不同的概念。[13]韩国学者一般采用"绅士"概念。[14]

10）参见郑震英:前引书的序章:"朝鲜时代乡村社会史"。

11）朴元熇:《明清时代"绅士"的研究成果及课题》,《历史学报》,198(2008)。

12）徐茂明:《明清以来乡绅、绅士与士绅概念辨析》,《苏州大学学报》2003年第1期。

13）李世众:《晚清士绅语地方政治—以温州为中心的考察》,上海人民出版社2006年。

14）韩国学界使用"绅士"概念的学者,如吴金成在《明清时代社会经济史》(移山(出版社)2007年版)一书中指出,绅和士虽然在社会影响力方面有显著差异,但是从明中期开始士人和官职经历者一起被看作同一个阶层,被合称为绅士。

吴金成认为,明中期以后士大夫被称作绅士,有两方面原因:[15]第一,明中期以后士人的数量急剧增加。生员的竞争率,从明初的40:1,提高到中期的300:1或400:1；乡试的竞争率也从59:1,提高到300:1以上,即越往后,士人的上升机会越是渺茫。第二,与多种多样的社会变化有关。14世纪后期,由于明初实行劝农、垦荒政策和里甲制,中国社会进入相对安定期,农业生产力得到迅速恢复和发展。但从15世纪开始,随着人口增加和贫富差距拉大,各地的里甲制逐渐瓦解,农民离散并四处流移,国家对乡村的支配力弱化了。到了15世纪中期,被称为士大夫的知识阶层逐渐成为维护乡村秩序的主导力量,他们无论是从国家权力层面还是社会层面,均受欢迎。这些士大夫包括有官职经历的乡绅和士人,都被看做同一个阶层,统称绅士。

中国使用"乡绅"概念的情况如下。岑大利将明清政治社会的乡村支配层,称作"乡绅",指出分为两类人。[16]一类是指曾经为官的归乡人员和担任现职的官员的亲属,另一类是将来准备做官的人,包括府、州、县学的生员、国子监的监生及乡试、会试及第的举人和进士等。现职官员具有两种身分,在任上是官员,在家乡是乡绅。要想成为乡绅,起码得通过儒学的入学考试童试,获得生员的资格。他们作为知识阶层,构成地主阶级的主要成员。[17]

郝秉键[18]则认为,乡绅概念要比绅士概念范围窄,主张使用绅士概念。他指出,乡绅类似于缙绅,包括现任官、原任官和候补官,而绅士则包括学人、贡生、监生和生员等士人[19]及乡绅的总称。绅士与缙绅、乡绅不是

15) 参见吴金成:《国法与社会习惯—明清时代社会经济史研究》,知识产业社2007年,第二编"国家权力和绅士"。

16) 岑大利:《中国历代乡绅史话》,中国沈阳出版社2007年。

17) 王善飞:《明代江南乡绅与政治运动》,《辽宁师范大学学报(社会科学版)》200年第6期。

18) 郝秉键:《明清绅士的构成》,《历史教学》1996年第5期。

19) 李竞艳认为,士人是指中国古代的知识人,在思想和文化方面对一般百姓的影

同一个范围,从文字上绅士是绅和士的合称。这里绅的含义不同时期有变化,在古代指士大夫,后来指官僚。士也有两层含义,一是指学生或学者,二是指任官的读书人。至于现任官是不是绅士还存在争议,不过他认为现任官具备了官和绅两方面,即官长和乡绅是同一个人,在官时是官长,在乡时则是乡绅。官和绅的差别不在于影响力的大小,而在于作用的方式不同。所谓绅士是一种严格的身分,因功名而定身分,而不是因势力而定其性质。否则,地主、商人、高利贷者、暴发户及保甲长等基层社会的有力者,都可成为绅士。而无功名的绅士子弟虽不是绅士,却是绅权的表现形式。

徐茂明认为,乡绅、绅士和士绅是在不同历史时期形成的概念。乡绅本来是指在乡里或者任职的本籍官员,但后来逐渐包括进士和举人。绅士概念主要在明代使用,分为乡绅和士人,到了清末,这一概念又发生变化,不仅是所有绅衿的尊称,还具有一般性意义。士绅概念出现得较晚,是一个总括性概念,指在野但享受一定的政治、经济特权的知识人集团。即通过科举获得诰命,或者退任后居住在乡里的官员。他还指出,虽然学者的主张各异,但士绅概念逐渐被学界接受,[20]他自己也用这个概念展开论述。[21]

绅士是指在封建社会获得秀才以上功名或有职衔者,他们是位于官僚和平民中间的在野特权阶层。[22]他们与官不同,与民也有区别,属于封建统治阶层内部的一个特权阶层。是否有功名、职衔及在野与否,成为判断绅士的主要标准。绅士凭借封建统治者赋予的政治特权,拥有自己的思想文化

响非常大。参见李竞艳:《晚明士人与普通百姓的交往》,《郑州航空工业管理学院院报》31-3(2012)。

20) 徐茂明:《明清以来乡绅、绅士与士绅诸概念辨析》,《苏州大学学报》2003年1期。

21) 徐茂明:《江南士绅与江南社会(1368-1911年)》,商务印书馆2006年,第22页。

22) 阳信生:《近代绅士研究中的几个问题》,《湖南城市学院(人文社会科学)》2003年第4期。

及经济优免权等优越地位。但这是必要条件而非充分条件。绅士和地方官之间可谓相辅相成、相得益彰。他们构成了中国社会的一个特权阶层，他们的力量均来自封建王朝的统治，他们的命运在任何时候都和封建制度紧密联系，所以说他们具有封建性。绅士在地方而非中央施展权威和力量，因而具有地方性。[23]同时，绅士还具有在野性即民间性的特点。绅士从根本上说并不是政治权力的在野势力，而是一种非正式的社会力量。

与朝鲜乡村的"在地士族"概念相对应，暂且使用"绅士"一词而非乡绅一词，用来指称已成为官吏的士人和准备做官吏的士人。因为绅士一词既包含了乡绅，也包括明清代随着社会经济的发展而在乡村发挥影响力的各种新势力。[24]实际上，越往后期，"绅"的队伍不断扩大，其含义也不断演变。[25]换言之，"绅"原来特指士大夫阶层，但是到了明代出现了绅商，绅士包含了民间，到了清末进一步扩大，包括了社会各个阶层。

二、 朝鲜的士族支配体制与明清的绅士制度

无论是明清的绅士阶层，还是朝鲜(李朝)的在地士族，都是在以国王为中心的国家和地方的统治框架内存在的。中国和朝鲜都有各自的地方统治模式。在时间上虽比中国晚，朝鲜在16、17世纪出现了士族支配体制。中国的地方统治模式是绅士制度，它确保了中央权力渗透到地方中去。

如前述，朝鲜时代的乡村在地士族，是把丽末鲜初(高丽末朝鲜初)作为地

---

23) 到了近代，绅士具有流动性的变化，这部分今后应进行研究。

24) 郝秉键：《明清绅士的构成》，《历史教学》1996年第5期。到了清代，在乡村支配层中，比起官职经历者，未任官者居多，后者在乡村社会中发挥越来越大的影响力，形成一股势力，这种变化和朝鲜时代差不多。

25) 余进东：《"绅"义考辨及流变》，《湖南社会科学》2012年第2期。

方单位的乡村即"在地"和表示身分的"士族"合在一起。在高丽后期他们上京从仕,然而在丽末鲜初勋旧派与士林派的政治斗争中后者失败归乡,从而确保了在地的基础。在乡村社会中,士林派具有中小地主的经济基础和士族的身分。15世纪后期,他们从乡吏手中接过乡村社会的运营权,16世纪中后期构筑了以他们为中心的乡村支配体制。朝鲜的这种地方政治制度,被称做乡村士族支配体制。[26]

士族支配体制不单单局限于乡村社会,而是整个统治体系当中不可或缺的重要环节。由士林势力构筑的16、17世纪的朝鲜社会,不但对中央具有政治支配力,还贯彻到了其根植的乡村社会。他们将在地士族拉进地方支配当中,使之成为合作者。在此过程中,士林势力以乡村的在地士族为媒介,将中央的权力扩大到了地方郡县,从而构筑起支配体制。但是到了18世纪,士族支配体制发生动摇,随着国家推行官主导的乡村政策,乡村士族逐渐远离乡权,[27]到了19世纪,地方形成"守令－吏·乡支配体制"。[28]

与之相比,中国则实行了绅士制度。阳信生利用绅士制度的概念,分析了明清地方乡村社会的支配层。[29]他对绅士产生的原因及制度进行了多方面考察,指出具有中国封建社会的制度性特点。绅士制度从隋唐开始到明清为止,逐渐发展为成熟的地方政治制度。绅士制度是中国封建社会地方制度的重要组成部分,是中国封建社会的一大特色,同时是保障皇权统治基础的重要制度。绅士制度的发展、变化并不是偶然因素促成的,而是皇权

---

26) 金炫荣将士族支配体制理解为,为维护士族支配地位的政治、经济、社会制度和意识形态的总和(金炫荣:《朝鲜时代的两班和乡村社会》)。郑震英从在地士族支配乡村出发,称之为"乡村支配体制"(郑震英:《16、17世纪在地士族的乡村支配和性质》,《历史与现实》3(1990))。金盛祐则提出了"士族支配结构"的概念,他还指出,经历壬辰倭乱以后,士族阶层积极参与战后恢复工作,在乡村中形成稳定的结构(金盛祐:《朝鲜中期国家和士族》)。
27) 金仁杰:《朝鲜后期乡村社会变动研究》,首尔大学博士论文1991年。
28) 高锡珪:《19世纪朝鲜的乡村社会研究》,首尔大学校出版部1998年。
29) 阳信生:《明清绅士制度初探》,《船山学刊》第63卷第11期(2007)。

统治下为保持地方社会政治力量的均衡发展、有效进行封建统治的必然产物。[30]

在朝鲜,以在地士族为中心的乡村支配秩序是在朝鲜中期确立的。16世纪中期以后,随着士林派势力掌握中央政治权力,在地士族也成为乡村支配秩序中的中心势力。在经历了壬辰倭乱和丙子胡乱以后,进一步构筑了以在地士族为中心的乡村支配体制。17世纪初期,他们通过运营乡案、乡校及实施乡约,[31]主动参与到乡村支配机构中去,构筑起了乡村支配体制,从而形成了基于性理学理念的乡村支配秩序。

在此过程中,他们实施了乡射礼和乡饮酒礼,努力构建道学政治和以性理学为中心的道统,还为礼学和乡礼的确立付出努力。[32]这些主要由战争时间参与或者领导义兵运动的乡村士族们担当。他们通过留乡所、乡案、乡约、书院、司马所、门中等机构掌管地方事务,并通过相互婚姻和学脉关系保持在乡村的主导地位。[33]还通过运营乡校、设立书院等,参与到乡村支配中去。[34]

---

30) 徐祖澜:《乡绅之治与国家权力—以明清时期中国乡村社会为背景》,《法学家》2010年第6期。该文指出了以乡绅为主体进行治理的"乡绅之治"的概念,即在国家权力对乡村社会的统治力弱化的情况下,产生了依靠乡绅权力进行支配的乡绅之治。乡绅之治既是国家权力对乡村治理的延续,也是乡村社会防御国家权力的屏风。相比于官的正式权力,徐祖澜认为乡绅是非正式权力。

31) 17世纪中叶,密阳乡约的实践主体是密阳的在地士族,他们参加的乡约组织并非和地方官毫无关系。详见张东杓:《壬辰倭乱前后密阳在地士族的动向》,《历史与现实》55(2005)。在中国,明末以后随着社会经济的发展,实行了扩充的乡约(从王守仁时期的乡约,逐渐转变为明太祖的六谕占较大比重的乡约,于是逐渐演变成辅助官治的乡约)和保甲制,在这一过程中,乡绅发挥重要作用(宋正洙:《乡村组织》,《明清时代社会经济史》(移山出版社2007年)。

32) 参见张东杓:《17世纪密阳在地士族朴寿春的乡村活动和道统意识》,《历史与境界》83。

33) 参见张东杓:《朝鲜中期咸安地区在地士族层的形成和乡村支配》,《釜山史学》37。

34) 参见张东杓:《16、17世纪清道地区在地士族的乡村支配及其特点》,《釜大史学》22。

而绅士层作为中国乡村支配层的出现，是在明代以后随着科举制和学校制的结合，[35]绅士与乡绅一起升级为士人的特权层，以及二者之间同类意识的产生等为背景的。[36]自明初开始，在府州县成立了中等学校级的"儒学"，只有儒学的生员才有科举应试的资格。这一点与朝鲜的情况相似。明清科举制的特点是，科举考试与学校制度相互关联，这是绅士层产生的一个重要契机。若在每三年举行一次的乡试中合格是举人，举人到京城参加由礼部主管的二月会试，合格者参加三月举行的殿试，殿试合格者为进士，可成为官僚。儒学的生员根据考试成绩，可以进入京城的国子监成为监生或贡生，这样就具备了推荐做官的资格。

朝鲜初期由国家设立的乡校，以及朝鲜中期由士林派设立的书院，与明代的学校制和科举制的脉络基本相同。从明代开始，学校制和科举制合并为一，生员的社会地位也有了提高。这些朝鲜大体上也一样。朝鲜（李朝）在建国以后实施了科举制，在全国各郡县设立了乡校。[37]朝鲜中期以后出现了士林势力，全面开展了书院设立运动，[38]在地士族的支配体制在此时形成。换言之，进入朝鲜时代，随着教育制度的发展，通过科举制不断培养人才，他们成为支配中央和地方社会的精英阶层。

绅士阶层的出现与士人上升为特权阶层有关。[39]就连士人的最下层生员，也可以一辈子享受类似九品官的待遇，从国家得到免税的特权，穿戴生员的儒服和帽子，还可以得到特赦。不仅如此，他们还有乡试的应试资格，

---

35) 考察乡绅的构成人员，其中举、贡、生、监的大部分都是从科举制和学校制产生的，这说明乡绅的形成与科举制、学校制有密切关系（岑大利：《中国历代乡绅史话》）。

36) 有关明代的绅士层，主要参见吴金成：《明清时代社会经济史》"绅士"部分的内容。

37) 李成茂：《教育制度和科举制度》，《韩国史》23，国史编纂委员会1994年。

38) 李树焕：《书院建立活动》，《韩国史》28，国史编纂委员会1996年。

39) 参见吴金成：《明清时代社会经济史》"绅士"部分的内容。

以及进入国子监学习的机会。士人作为士大夫其地位明显提高,与明清时期人口骤增,社会事务越来越繁杂,但官僚的数量没有增加,那么为了运营国家不得不将乡村的知识人群体拉进来。

广义的乡绅,是伴随狭义的乡绅和士人间产生同类意识而出现的。士人实际上是掌握了儒教的教养和理念的士大夫。从现实的待遇和影响力而言,士人远不及官僚层,但在四民中却处于优先地位。这些士人出于同类意识而形成的有形的集团行动被称作"士人公议"。明中期以后,士人与官职经历者一起被看做同一个阶层,具有了绅士的待遇。

如前述,朝鲜的乡村士族和明清的乡绅作为地方支配层的出现,虽在过程和时间上略有差异,但本质上没有太大差别。明代乡绅和士大夫相结合形成绅士阶层的过程,与朝鲜的官职经历者、科举及第者及乡村支配机构的参与者共同形成公论,很相似。不过在朝鲜,经历壬辰倭乱和丙子胡乱,曾经开展义兵运动的阶层[40]及其后裔成为乡村的支配层,从而巩固其在地士族的地位,这一点多少有差异。

与此同时,朝鲜的在地士族无论在何种情况下,其权力都不得超过守令权(官权),[41]这与明清绅士层虽行使绅权却不能超越皇权一个道理。[42]即在士族支配体制下,士族拥有的乡权不能超过守令权(官权),即乡权是在与官权形成一定程度的妥协的基础上行使的。在士族体制下,原则上不允许乡权对代行王权的守令的统治说不是。[43]然而到了朝鲜后期,乡村士族通过上疏等行为,发挥乡村社会利益代言人的作用。[44]

---

40) 参见张东杓:《壬辰倭乱前后密阳在地士族的动向》,《历史与现实》55。
41) 参见郑震英:《朝鲜是如何支配地方的?》(Acanet,2000年)中的"国家的地方支配和新的势力"。
42) 费孝通、吴晗等著:《皇权与绅权》,岳麓书社2012年。
43) 李珥:《海州一乡约束》。
44) 参见张东杓:《17世纪岭南地区在地士族的动向和乡村社会———以密阳在地士族李而桢为中心》,《历史与现实》68。

在中国,乡权即绅权有时虽与中央权力相对立,[45]但一般来说,皇权的代行者州县官和乡权的主体绅士之间,还是相互协作和互为补充的。[46]州县官作为亲民之官,与一乡之望的绅士,位于国家和社会的相界点上,他们所走的路尽管不同,但治理地方社会的目的相同。到了清代某一时期,绅士对基层社会的支配力加强,绅权得到了前所未有的伸张,于是州县官和绅士的关系发生了逆转。[47]

三、朝鲜在地士族和明清绅士的乡村活动

在地士族和绅士作为乡村社会的支配层,开展了多种多样的活动,并随着时期和构成人员的不同而变化。他们与国家权力的代行者守令相妥协而存在,为将中世纪国家的权力渗透到乡村,发挥着意识形态代言人的作用。明清绅士层所拥有的绅权,同样具有保障中央皇权的作用。为了将绅士层的乡村活动与朝鲜相对比,试以密阳地区在地士族孙起阳(1559-1617)的乡村活动为例来说明。[48]

先看一下明清绅士开展乡村活动的情况。他们立足于"先忧后乐"的公意识,广泛开展各种公益事业,在国家权力统治乡村时担当辅佐的角色。要么为地方官提供咨询,要么调解乡里大小纠纷,要么组织自卫军保卫乡村。他

---

45)王玉山:《中国传统乡村社会中乡绅的历史地位探悉》,《研究生法学》2009年4期。

46)郝秉键认为,国家权力为了渗透到基层社会,给绅士们提供了统治的空间(郝秉键:《试论绅权》,《清史研究》1997年2期)。

47)刘彦波:《清代基层社会控制中州县官与绅士关系之演变》,《武汉理工大学学报(社会科学版)》2006年第4期。

48)有关孙起阳的乡村活动,详见张东杓:《17世纪初期密阳在地士族孙起阳的乡村活动》,《韩国民族文化》34。

们还协助国家征收赋税,修筑各种水利设施,筹集基金设立和运营义田、学田,从事各种慈善事业和救恤事业。[49]他们还主导实施乡约和乡饮酒礼,修缮学堂和书院,组织讲会进行讲学,编纂书籍实行乡村教化,编纂宗谱和族规以维护宗族的平安和教化等。这些做法与朝鲜密阳地区在地士族孙起阳的乡村活动十分类似。

到了明末,绅士们通过学校和科举制,扩大了与社会的接触面及与百姓交流的范围,成为知识和礼仪的推行者和代言人。在思想文化方面他们劝善惩恶,在经济上救济贫者和弱者,热衷于各种公益事业。[50]明末清初的绅士们,在恢复明清交替时期因战乱破坏的乡村社会秩序方面发挥了积极作用。这与朝鲜乡村在地士族的活动也很相似。同样在壬辰倭乱以后,庆尚道密阳、尚州的在地士族,为恢复经济和重建社会秩序发挥了重要作用。[51]密阳等岭南地区遭战争破坏的许多邑,大部分在在地士族主的领导下从事战后恢复,在此过程中,他们成为该地区的支配阶层。[52]

中国绅士层的乡村再建运动,与朝鲜在地士族并无二致。清初江西省万载县的乡绅,在明末清初恢复社会秩序方面同样起了重要作用。[53]具体而言,以县为单位的地方政权利用辛氏宗族的乡绅势力,进行了万载县的社会

---

49)张星久:《对传统社会宗族、乡绅历史地位的再认识》,《湖北行政学院学报》2002年4期。

50)李竞艳:《晚明士人与普通百姓的交往》,《郑州航空工业管理学院学报(社会科学版)》2012年第3期。

51)参见张东杓:《16、17世纪清道地区在地士族的乡村支配及其特点》,《釜大史学》22;张东杓:《朝鲜中期咸安地区在地士族层的形成与乡村支配》,《釜山史学》37;张东杓:《壬辰倭乱战后密阳在地士族的动向》,《历史与现实》55。

52)参见郑震英:《壬辰倭乱前后尚州地区士族的动向》,《民族文化论丛》8(1987);金盛祐:《壬辰倭乱以后恢复工作的展开与两班层的动向》,《韩国史学报》3-4(1998)。

53)施由明:《清代江西的乡绅与县域社会建设——以万载县为例》,《宜春学院学报》2008年第5期。

重建工作。[54]后者之所以表现积极，一是因为接受了儒家文化的培养和熏陶，具有对地区社会的道德责任感；二是因为这是保持地方名望的路径；三是渴望本宗族的人在科举考试中及第。绅士层作为宗族的一员，处于宗族社会的指导位置，一方面为宗族自身发展出力，另一方面积极参与地方公共事业和公益事业。

我们再看一下绅士层和普通百姓接触和活动的例子。[55]绅士层通过讲学和实施乡约对普通百姓产生影响。在经济方面，士绅们以地缘为基础，组织具有民间救恤性质的同善会，支援地方公共事务。对于修桥铺路和建设水利设施，及拦河修坝等公共事务，要么士人提倡而政府支持；要么政府提倡而具有财力的士人参与。士人也帮助解决百姓间的民事纠纷，一来后者文字解读能力差，二来民事纠纷需要费用，所以百姓无力直接起诉，于是士人们帮助解决这些纠纷。

在朝鲜，在地士族的乡村活动，主要通过留乡所、乡案、乡规、乡校、书院等乡村支配机构进行。特别是在战争结束以后，在地士族们着手建立乡校和书院，恢复被破坏的乡村秩序，组织乡约和进行乡会活动，追崇儒学者，及制定乡案等。下面看一下朝鲜中期密阳地区代表性士族孙起阳的活动。

孙起阳科举及第后，历任判官和府使等官职。特别是在壬辰倭乱中，他组织领导了义兵运动，战后参加书院和乡校的恢复运动，对乡贤进行享祀，还参加文庙从祀活动和乡礼的实践活动等。以上活动，再现了壬辰倭乱以后构筑在地士族为中心的乡村支配秩序的过程。孙起阳于1559年（明宗14）出生于庆尚道密阳府，1617年（光海君9）去世。[56]他在17世纪后期被

54）施由明：《明清时期宗族、乡绅与基层社会—以万载县辛氏宗族为例》，《农业考古》2008年第4期。

55）李竞艳：《晚明士人与普通百姓的交往》，《郑州航空工业管理学院学报（社会科学版）》2012年第2期。

56）孙起阳：《鳌汉集》卷4，年谱。

赐额的佔毕书院⁵⁷⁾听课,师从家乡前辈李庆弘,后来成为大性理学家郑逑(1543-1620)的门生。1585年(宣祖18),他通过了司马试,1588年式年文科丙科及第,之后历任典籍、庆州提督、蔚州判官、永州郡守、昌原府使等官职,1612年因政治黑暗弃官归乡。

孙起阳家族是密阳地区代表性的在地士族,在密阳乡案中有记载。⁵⁸⁾壬辰倭乱以后,密阳朴氏、密阳孙氏和碧进李氏成为密阳地区有力的在地士族。单单孙起阳家族在密阳孙氏门中录入密阳乡案中,占据一半以上,显然是门中最有力者,直到朝鲜后期仍由他们主导密阳乡会。而密阳乡会掌管乡论的形成和赋税运营等事务。

孙起阳属于由郑逑、曹好益之后的退溪学派,他和郑经世、李埈、申之悌等乡内外人士广泛交游。他的门徒安玹、蒋文益、朴寿春等人,都是17世纪密阳地区著名的在地士族,参加了义兵运动和乡村社会活动,这与中国传统的座主门生相互提携相似。⁵⁹⁾而安玹、蒋文益、朴寿春等与明清无官职的士人相似。

壬辰倭乱爆发以后,孙起阳在密阳倡义组建义兵,在多地与日军作战。他还在庆州、永川、蔚山等地进行了战斗,还参加了八空山战斗等,这些都是在密阳以外地方开展的义兵运动。⁶⁰⁾作为密阳的义兵将,他与其它地区的义兵将也保持联系。他的在地基础和广泛的师承关系,对于在密阳地区开展义兵抗争有帮助。⁶¹⁾在邻近清道地区开展义兵运动的清道"十四义士",是

---

57) 佔毕书院在17世纪初移建后改称礼林书院,其赐额化与在密阳在地士族李而桢有关。参见张东杓:《礼林书院的建立重修和金宗直追崇活动》,《历史与境界》64;张东杓:《17世纪岭南地区在地士族的动向和乡村社会—以密阳在地士族李而桢为中心》,《历史与境界》68。

58) 参见《密州乡案》(密阳文化院刊行)。

59) 参见吴金成:《明清时代社会经济史》的"绅士"部分。

60) 参见孙起阳:《鳌汉集》卷4,年谱;《火旺山倡义录》;《八公山倡义录》。

61) 与中国的乡村防卫军类似。

密阳朴氏门中的在地士族。[62] 在中国,可能没有与战争有关的乡村支配层的变化,但在朝鲜,像壬辰倭乱这样的大战争给乡村的在地士族带来影响。

孙起阳作为在地士族,着手重振战后逐渐成为在地士族舆论中心的书院。1606年,他一边主导乡论,一边将损毁的书院位版重新加以安置,并制定院规、书院节日及书院的运营规则等。[63] 他还积极倡导在佔毕书院享祀先贤,目的是提高书院的地位,享祀问题关系到确立以在地士族为中心的乡村秩序。他还注意到了同乡前辈的儒学者金宗直,要求祭享他。[64] 他强调,金宗直的学生是金宏弼、郑汝昌,后来又有赵光祖、李彦迪、李滉等,连成一个道学传统。[65] 他还着力重建因战乱消失的乡校,进行释奠祭等活动。[66] 密阳乡校以当时乡村的有力在地士族为中心运营。

乡校和书院成为朝鲜中期乡村在地士族活动的中心,这与明清绅士层的活动类似。明中期以后盛行的书院讲会、诗社、文社、同年聚会等,既有曾任官职的绅参加,也有乡村的士人参加,他们超越了身分和贫富差异,互称"同志",彼此结成了深厚的友谊。他们靠同乡意识或者婚姻关系结成了纽带。明中期以后,绅和士作为一个绅士层具有了同类意识,到了明末不但形成乡绅公议、士人公议,还形成了"绅士公议"。同类意识发生的场所是儒学内的孔子庙和书院,而其中,作为私学的书院比起儒学效果更显著。[67]

朝鲜的乡村士族也以乡校或书院为中心,形成乡论和政治公论来主导舆论。明清乡绅们也发挥了针对国家权力的乡村舆论代言人或者协调者的作用。史

---

62) 参见张东杓:《16、17世纪清道地区在地士族的乡村支配及其特点》,《釜大史学》22。

63) 孙起阳:《螯汉集》卷4,院中节目。

64) 孙起阳:《螯汉集》卷4,佔毕金先生辩诬文。

65) 孙起阳的同乡、未入仕的在地士族朴寿春也对道统问题给予了高度的关注。参见张东杓:《17世纪密阳在地士族朴寿春的乡村活动和道统意识》,《历史与境界》83。

66)《密州徵信禄》卷2,乡校释奠及儒案。

67) 参见吴金成:《明清时代社会经济史》"绅士"部分的内容。

料上的"乡绅公议""士人公议""绅士公议",都表明乡绅们支配乡村舆论。

对于从16世纪后期宣祖代开始到17世纪初光海君代为止的文庙从祀议论,在地士族孙起阳也予以关注。[68]文庙从祀的议论,关系到构筑战后以在地士族为首的乡村秩序。孙起阳代表密阳的士林,要求从祀五贤之一的李彦迪。不仅如此,为了安定战后的乡村社会,他还主张推行乡约和乡礼、家礼等。战争一结束,他就仿照宋代的蓝田乡约,在缶溪洞制定了洞宪。[69]为了克服乡村崇尚鬼神的陋俗,他强调士族的作用,并对士族们普遍关注的朱子家礼的实践问题表示了关注。

小结

以上通过韩、中两国的研究成果,比较分析了朝鲜(李朝)乡村社会支配层在地士族和明清支配层绅士层的用语、支配体制和乡村活动内容等。考察前近代韩、中两国的乡村支配层,虽然各自的称呼不同,出现的时期也有差异,但是作为中央统治地方的一种原理所起的作用和性质大致相同。以下做个小节,并对两国的乡村支配层的性质进行归纳。

在朝鲜(李朝),乡村支配层发挥作用的基本单位是乡村,而乡村的支配层是士族,所以在地士族是最合适的用语。朝鲜的乡村在地士族,是丽末鲜初以后出现的,与"在京"对应的"在地",与"吏族"对应的"士族"的合称。中国的乡村支配层的用语虽然不少,但是使用了"绅士"一词,包括曾经做官的士人和准备做官的士人。绅士既包括了乡绅,也包括在明清时期社会经济发展中出现的具有影响力的各种乡村势力。

68）孙起阳:《鳌汉集》卷3,伸辨晦斋先生请从祀疏代士林。
69）孙起阳:《鳌汉集》卷3,缶溪洞宪序。

比较两国乡村支配层的出现,在科举制和学校制相结合培养人才方面很相似,在乡村的活动内容和性质等方面也很相似。朝鲜的在地士族和明清的绅士层都是乡村社会的支配层。虽然朝鲜和中国的乡村支配层的用语、形成过程和存在样态各不相同,但是在乡村社会所起的作用和向乡村社会支配层转化方面,没有本质的区别。朝鲜从16世纪中期以后,逐渐形成以在地士族为中心的士族支配体制。明清社会则通过绅士制度实现中央权力对地方的统治力。以绅权为中心的绅士制度,是中国封建社会地方政治制度的重要组成部分,构成皇权统治的基础。也有人认为,在国家权力逐渐变弱的情况下,通过乡绅的权力实现了"乡绅之治"。在朝鲜士族支配体制下,在地士族无论何种情况都要和守令权(官权)相互协调以构成地方统治制度,绝不能超越守令权。但中国的绅权似乎比朝鲜的乡权大一些。

两国的乡村支配体制出现的时间稍有差异。在中国,明代出现了绅士层;而在朝鲜,要到16世纪中期才形成士族的法定地位,特别是壬辰倭乱时开展义兵运动的阶层及其后裔成为乡村支配层,巩固了其在地士族的地位。在明清,很难找到与战争有关的乡村支配层的变化,而在朝鲜,壬辰倭乱对乡村在地士族的动向产生了不少影响。在地士族和绅士层的乡村活动也有很多相似之处。乡校和书院成为朝鲜中期乡村在地士族的主要活动场所,这与明清绅士层以儒学和书院为媒介开展活动类似。在朝鲜,通过制定乡案形成了非单一姓氏集团而是多个姓氏集团组成的乡村支配体制,他们通过书院、乡校、乡会及乡约等乡村支配机构开展活动。在地士族主要通过形成乡论和政治公论来主导舆论,而明清绅士层则通过针对国家权力的乡村舆论的代言来发挥调停者的作用。

제6장

朝鲜前期知识阶层对杭州西湖的想象与其内涵

朝鲜前期知识阶层对杭州西湖的想象与其内涵

【摘要】 对朝鲜的知识分子而言,杭州的象征——西湖,既是江南的代表,也是他们想象和向往的对象。朝鲜王朝前期,知识分子往往把西湖想象成他们所追求的乌有之乡。根据文献或传闻所形成的联想,他们创作了与西湖有关的诗画。朝鲜知识分子之所以对西湖产生这样的意象,是来自于他们对江南的政治、经济、文化远比朝鲜发达的一种确信、以及由此产生的对江南这一先进地区的憧憬。以性理学为主要意识形态的朝鲜王朝前期的知识分子,究竟通过什么方式来获得有关西湖的情报? 并以什么样的方式来想象和表现西湖? 这些到底意味着什么? 考察和探讨这方面的问题将成为本次报告的主题。

【关键词】 西湖、 杭州、 知识分子、 西湖想象、 江南

序言

朝鲜前期的文臣及知识分子崔溥(1454~1504)亲眼看到杭州后说,"自古天下以江南为佳丽地,而江南之中以苏杭为第一州,此城尤最。"[1] 他在

---

1) 崔溥,『漂海录』 卷2,"自古天下以江南为佳丽地,而江南之中以苏杭为第一州,

比较北方和南方的特性时说起杭州，"其间人物之伙，楼台之盛，市肆之富，恐不及于苏杭。 其城中之所需，皆自南京及苏杭而来。"[2]

西湖自古是繁荣之城杭州的象征，同时也是江南地区的代表。 朝鲜的知识阶层以杭州的西湖为他们向往的精神乌托邦。 他们以通过文献或传闻所获得的信息为基础，以想象中的西湖美景为题材，或作诗、或画画儿。可以说朝鲜的知识阶层对在政治、经济、文化方面都领先于朝鲜的先进地带江南满怀憧憬。其实朝鲜建国以来，士大夫知识阶层一贯体现出向往"中华"的思想指向，有着要把朝鲜打造成"遵循中华文明和制度"的模范社会和国家之梦想。

本论文主要考察追求性理学理念的朝鲜前期士大夫知识阶层如何想象中国的西湖。为此首先探讨朝鲜知识阶层向往西湖的几个历史背景，然后简要说明他们以西湖为中心，获取该地区的相关信息，并对西湖的想象与其内涵及传承。

一. 知识阶层向往西湖的历史背景

朝鲜建国的主导势力，是高丽后期乡村中以性理学思想为基础成长起来的新兴士大夫们。 在朝鲜前期，性理学处于国家的主导和统治地位，是国家的倡导和统治理念，老庄和阳明学说都受到了排斥，而朱熹的性理学逐渐成为了正统思想。当时大部分新兴士大夫出身于中小地主家庭，他们从中国引进了先进农法，并为乡村的发展打下了经济基础。这里所说的先进农

此城尤最。"

2）崔溥，『漂海录』 卷3，"其间人物之伙，楼台之盛，市肆之富，恐不及于苏杭。其城中之所需，皆自南京及苏杭而来。"

法是指,当时发展水平最高的中国扬子江以南,即江南地区发达的农业耕种方法。 朝鲜时期知识阶层对中国江南地区的憧憬,基本上始于这样的历史背景。

朝鲜前期指的是朝鲜建国以后,建国主导势力勋旧派和在野的士林派之间展开政治对立,士林派争夺到了政治权力的主导权,同时在社会和文化方面也成长为中心势力的壬辰倭乱前后时期。3) 在朝鲜前期,朝鲜王朝体制逐渐得到稳定。 由于士林派的执政, 在思想和文化方面,性理学完全扎根于朝鲜社会并处于开花阶段。士林派势力作为支配阶层,主导了中央政治舞台和地方乡村社会, 尤其在乡村, 逐渐形成以士林派为中心的新乡村秩序和文化环境。4)

士林派势力对江南文物普遍怀有憧憬。杭州如同崔溥所述,是代表文物繁盛的江南地区,而西湖则是繁盛杭州的象征。 马可·波罗把杭州誉为"天堂之城",称赞杭州是"世界上最美丽的城市。那里极为多样的喜悦,让人如同身在天堂之幻想。"5) 可见拥有西湖的杭州,早已发展成了江南的象征。

以丰富的物资为基础而极其繁荣的杭州和西湖,统统具备了与朝鲜知识阶层思想基础及佛教理念相一致的象征性因素。西湖具有和忠节与文学,思想与理念等有关的多彩故事素材,其美丽风景更是如诗如画。在那些通过书和画了解西湖的朝鲜知识阶层心目中,西湖拥有能够走向理想世界的自然环境。不仅如此,朝鲜知识阶层接触或想象西湖,并使之具有一个特点,即成为朝鲜和中国之间无形的文化交流平台。

此外,朝鲜前期极其压抑的政治现实也是知识阶层喜爱杭州西湖的背

3） 对时期区分的探讨请见,金铉荣,「士族支配体制和地方支配」 『朝鲜怎样支配地方』 ACANET(韩国历史研究会,2000)。

4） 张东构,「对朝鲜时期在地士族和明清代朝绅的比较考察」『历史和世界』 44,晓原史学会,2013.

5） 马可•波罗著,蔡羲顺译,『东方见闻录』,东西文化社,1978.

景。他们视西湖为精神上的乌托邦,试图从因四大士祸造成政治社会紊乱和壬辰倭乱的压抑现实中挣扎脱离。西湖蕴含着相似于朝鲜李舜臣将军的南宋名将岳飞(1103~1141)尽忠报国的历史,还重叠着复仇的化身伍子胥的愤怒,以及钱塘江的潮水等形象,因此具有一向崇尚忠孝儒家理念的朝鲜前期士大夫知识阶层憧憬的因素。再加上看到崔溥所描述的江南丰富的物资而发达的都会地形象,当时的社会领导层自然而然地认为,杭州西湖是如同乌托邦一样的地方。

在文学表达和历史层面,西湖由于具有乌托邦的条件而引起了知识阶层更大的关注。杭州西湖自古至今都是风景优美的旅游景点,同时还拥有中国丰富的历史和文化遗产,所以能够赢得朝鲜知识阶层的共鸣。如唐朝诗人白居易(772~846)任职于杭州刺史时修建的白堤、北宋诗人兼文学家的苏轼(1036~1101)任职于杭州刺史时期建造的苏堤、被称为"梅妻鹤子"的隐逸居士林逋(967~1028)隐居的孤山、元代戏曲《白蛇传》的背景雷峰塔、以及南宋时期尽忠报国的岳飞、愤怒的伍子胥等相关的历史遗址等,均坐落于西湖各处。

由一些代表中国文化和思想某一侧面的人物活动而形成的西湖,是足以被推崇性理学的朝鲜知识阶层视为乌托邦的地方。北宋时期放弃世俗名利,隐居于西湖孤山中的林逋,他一生孤寂的悠悠岁月,深受中国和朝鲜许多知识分子的关注。16世纪朝鲜代表性的知识分子兼思想家,退溪先生李滉特别喜爱梅花而作了几十首梅花诗,他在诗中把自己比喻成隐逸居士的象征性人物林逋,并憧憬如同神仙般的生活。[6] 西湖丰富多样的历史和文

---

6) 李滉把梅花叫"梅兄,梅君"以人看待而韵味梅花所含的意思,以欲体现君子的风貌。朝鲜的许多知识分子憧憬林逋的生活,和他一样喜爱梅花。(李贞和,「退溪李滉的梅花诗 研究」『韩国思想和文化』 第41辑,2008). 朝鲜后期画家田琦(1825~1854)的「梅花草屋图」,赵熙龙(1789~1866)的「梅花书屋图」均为以林逋的生活为题材画的画儿。

化因素通过诗书画重新展现并流传，并植根于朝鲜知识阶层。在此过程中自然受到了许多人的重视。

而朝鲜前期属于士林派的知识阶层到16世纪掌握政治主导权，从而实现了政治稳定。尤其从16世纪以后，性理学思想成功扎根于朝鲜，要求接受更有品格的文化，这种社会气氛也是憧憬西湖的主要背景之一。在社会经济方面领先的江南地区的先进文化，拥有能够满足知识阶层这些要求的优点。在社会经济发展的基础上，江南盛开文化之花，而西湖坐落于江南的中心杭州。因此，朝鲜知识阶层对西湖文化、历史及风景的关注是理所当然的趋势。

二. 知识阶层获得有关西湖的信息

接触到杭州西湖更详细的信息，大致始于朝鲜时期。虽然高丽时期对杭州并不是不关心，但更积极的关注始于引进性理学和江南农法的丽末鲜初。本稿围绕朝鲜前期知识阶层关注的直接渠道，即书籍的进口、崔溥旅行记《漂海录》的发刊、以及与壬辰倭乱时期派遣到朝鲜的明国水军交流等事实进行探讨。

首先，朝鲜王朝初期，伴随着从中国进口的书籍，也传来了许多有关西湖的信息。朝鲜建国后，随着士林势力的登场，于国家层次进口了大量的书籍。而这些书籍[7]以性理学书为主，其中还包含《西湖志》等各种地理志。[8]由此可见，有关西湖的书籍或与之相关的多彩故事，从16世纪前就已经进入朝鲜。因此，西湖方面的大量信息，基本上是通过书籍的进口而传入朝鲜的。

7）李存熙，「朝鲜前期对明书册贸易 -以输入面为中心-」，『震檀学报』 44,1978.
8）禹贞任，「朝鲜初期书籍输入·刊行和其性格」，『釜大史学』 24,2000.

直接激发知识阶层对西湖产生想象的,是朝鲜前期文臣崔溥(1454~1504)的著作《漂海录》。众所周知,崔溥于1487年9月奉命赴济州道任推刷敬差官,1488年(成宗19,弘治1)1月初旬因其父去世,渡海返家奔丧,不幸遭风暴袭击。他在海上漂流了14天,历经千辛万苦,最后漂至浙江省台州府临海县。崔溥经由绍兴、杭州、嘉兴、苏州、常州、扬州、高邮、山东而抵达北京,谒见皇帝后回到朝鲜的汉阳,共花了6个月。回国后他把自己看到的中国山川,土产,人物,风俗仔细记述为旅行记,并献给朝鲜王成宗(1469~1494在位),那就是《漂海录》。[9]

该书当时在士大夫之间广泛流传。因为书里面介绍了当时几乎没有人去过的杭州。崔溥还用朝鲜人的眼光,如实记述了江南地区的各种文物和地理。由于崔溥自己是具有朝鲜代表性的知识分子,因此也深深反映了朝鲜前期,知识分子对中国江南的认识。[10]

对西湖信息的系统性认识,是通过来自中国的书籍而形成的。在这些书籍中,比较详细地介绍杭州西湖和南宋历史的,最具代表性的地理志有西湖志。通过通称为"西湖志"的西湖游览志,朝鲜知识阶层对西湖的印象更为清晰了,这一点可从许筠对西湖志的了解来确认。作为文学家和文臣的许筠(1569~1618)看了西湖志的体制后,还在朝鲜大儒学者郑逑(1543~1620)任职江陵府使时,帮助郑逑编写江陵志。[11] 可见许筠一定熟读了西湖志。[12] 西湖志成为当时知识阶层爱读的书之一,他们通过该文献广泛获取了有关西湖的信息。除许筠外,当时的文臣,知识阶层申钦

---

9) 崔溥,『漂海录』「跋文」. 该跋文是崔溥的外孙柳希春于1569年(宣祖 2)把(宣祖 2)把『漂海录』再刊行时所写的。

10) 朴明淑,「崔溥 『漂海录』 所表达的理念和意味及江南形象」,『温知论丛』27,温知学会,2011.

11) 许筠,『鹤山樵谈』

12) 郑珉,「16,17世纪朝鲜文人知识人层的江南热和西湖图」『古典文学研究』22,2002.

(1566~1628)也是对西湖志了解很深的人物之一。他留下的《书西湖游览志后》之文,充分表现了他对西湖的想象和向往。¹³⁾

西湖志具体分为《西湖游览志》和《西湖游览志馀》,由田汝成(1503~1557)编制,1547年首次发行的就是《西湖游览志》。¹⁴⁾田汝成是今杭州钱塘人,历任南京的刑部主事和礼部主事等官衔。《西湖游览志》把西湖一带的美丽风景分为8个景区,并介绍各景区的风景特色,还整理了与之相关的各种事迹和诗文。它不同于一般的邑志,把焦点放在游览指南。从许筠阅读的事实来推测,该书是在16世纪后半期之前进入朝鲜的。田汝成除《西湖游览志》外,还编制了《西湖游览志馀》,该书卷1~2 帝王都会,卷3 偏安佚豫,卷4~5 佞幸盘荒,卷6 板荡凄凉,卷7~9 贤达高风,卷8~9 贤达高风,卷10~13 才情雅致,卷14~15 方外玄踪,卷16 香奁艳语,卷17~18 艺文赏鉴,卷19 术技名家,卷20 熙朝乐事,卷21~25 委巷丛谈,卷26 幽怪传疑等。两本书虽以游览为名,对名胜景点的记述比较多,但也记载了很多宋朝的历史内容。

画也是获取西湖形象的渠道。即通过西湖图传递西湖的形象。西湖图是描绘杭州西湖和其周边风景的画。西湖图有两种基本形式:如把代表西湖场所的西湖十景分别画出来的'西湖十景图';在一个画幅里把西湖一带的景观全部画出来的'西湖总图'。还在此基础上绘制了形式多样的西湖图并广泛传播。¹⁵⁾进入16世纪,《西湖游览志》传播开来以后,对朝鲜认识西湖产生了很大的影响。而壬辰倭乱时与明水军的交游,与西湖图相关的信

---

13) 申钦,『象村稿』 卷36,「书西湖游览志后」.“西湖本来事天下最佳丽地。然而若天下不太平怎能进行游览享受? 生在此地享受太平之乐,尽其天年的有何人? 没次阅读此书,我均把书合起来叹息不已。”

14) 田汝成,『西湖游览志』.

15) 池容璦,「朝鲜时代 西湖图 研究」『美术史学研究』 269,2011.

息也获得了大量的交流，[16] 此后西湖图自然而然地也在朝鲜开始制作了。

此外，壬辰倭乱(1592~1598)时期，作为援军派遣到朝鲜的明水军中，浙江省杭州出身的人向朝鲜知识阶层介绍的与西湖相关的信息也不容忽视。壬辰倭乱时赴朝的明水军中，浙江省出身者居多。1597年丰臣秀吉再次侵略朝鲜时，被明朝任命为蓟辽总督的邢玠上疏所载，"12月26日由游击将军林茂统率浙江省出身明水军3,154名。"[17] 赴朝鲜的数千名水军中，肯定会有相当多的人是杭州出身的。在漫长的战争期间，可以听到他们谈论有关西湖的话题。

壬辰倭乱爆发前的1591年，有20名中国商人海上遇到风浪，漂流至济州道，并被押送到汉阳，这时许筠和朋友去找他们，提到了有关杭州风俗的话题，[18] 在和他们的交谈中，许筠从西湖志上了解到的内容，都从他们那儿获得了证实。还有记录称，知识分子李义健(1533~1621)也听到来自杭州的中国人所述的有关西湖的独特情调后，对其充满了憧憬。[19]

三. 知识阶层对西湖的想象和表达

朝鲜的知识阶层，特别是文人，渴望着与他们心目中的"文化宗主国"——中国进行交流。其中江南地区对朝鲜的知识阶层来说，是充满异国情绪、充满想像力的地方。当然，从壬辰倭乱以前开始，知识阶层就对苏杭地区的

---

16) 宋寅，『颐庵遗稿』「钝庵寄送杭州西湖图」。

17) 邢玠，『经畧御倭奏议』 卷4,「催发续调兵马疏」。

18) 许筠，『鹤山樵谈』。

19) 李义健，『峒隐稿』 卷2. "华人来僦余寓 问其居住 乃杭州也 去西湖才二十里 问西湖风景 则极称其胜 因曰 每年二三月 百花盛开 搢绅男女 盛办游宴之具 填咽湖边 泛舟行乐云"

文化和历史、人物了解得很深入。朝鲜时代知识分子对西湖的形象,通过阅读《西湖游览志》或看西湖图获得灵感后,以诗书或画来表达。然而他们中并没有人亲眼见过杭州西湖。就连漂流人崔溥也是如此,虽然曾途经杭州,但也没有亲眼见过西湖。[20]

崔溥看到的杭州,是物资丰富的江南代表性都会地。崔溥把都会地杭州的面貌进行如下描述:"杭即东南一都会,接屋连廊,连衽成帷,市积金银,人拥锦绣,蛮樯海舶,栉立街衢,酒帘歌楼,咫尺相望,四时有不谢之花,八节有常绿之景,真所谓别作天地也"。[21]他以此描绘出杭州,这个繁荣商业城市的美丽。然而这只是对亲眼目睹的杭州气氛予以总体描述,对朝鲜前期的知识阶层来说,杭州的西湖仍然还是想象中的西湖。

《漂海录》记录了崔溥自己亲眼目睹和亲耳所闻的杭州和西湖的面貌,而不是依靠想象力来描写的。崔溥记录的西湖景观,是从杭州武林驿站官员顾壁所说的话中了解到的。然而记录的内容不大详细,而且由于没有亲眼见到西湖,因此没有通过诗文来表达。当时他是遭遇父亲去世的丧主,又是漂流者身份,不敢尽情游赏西湖。[22]虽然他对西湖的描述不详细,然而通过对杭州的留心观察,他把杭州描述成了极为繁华的都市。[23]崔溥把杭州和苏州与中国北方进行对比,并将其视为代表南方的都市。无论如何,《漂海录》直接记录了途经杭州时一路上的所见所闻,显然其能够引起知

---

20) 崔溥临近杭州,沿着江沿岸走,走到江边西侧的六和塔,经过延圣寺和浙江驿,到达南门后,把从此到武林驿走过来的10里行程描写,他亲眼看到的只有这个部分(崔溥,『漂海录』 卷2)。崔溥没有亲眼看到杭州的西湖,按顾壁所传的西湖面貌描述出来。

21) 崔溥,『漂海录』 卷2,"杭即东南一都会,接屋连廊,连衽成帷,市积金银,人拥锦绣,蛮樯海舶,栉立街衢,酒帘歌楼,咫尺相望,四时有不谢之花,八节有常绿之景,真所谓别作天地也"

22) 崔溥在旅行记的末尾注明了"然在衰绖之中,不敢观望游赏"的事实(崔溥,『漂海录』 卷3)。

23) 徐仁范,「朝鲜官人眼里的中国江南 －以崔溥的 『漂海录』 为中心－」『东国史学』 37,2002。

识分子对杭州的兴趣。

朝鲜前期的知识阶层,在朝鲜想象西湖,表达其感想,是通过诗作、观看多种西湖图来进行的。 作诗过程的沟通是通过与上面提到的,壬辰倭乱时期派遣至朝鲜的明水军交游来进行的。不仅与知识阶层,而且与明将校们通过笔谈来分享诗作。[24] 文臣裴龙吉(1556~1609)开展义兵活动,他留下了3首题为《赠浙江人》的诗,[25] 以"江南形胜擅西湖,和靖先生德不孤"的诗句所示,"江南的美景中以西湖为最佳,林逋先生因为德高,所以不会孤独"。从诗人李达(1539~1618)《赠浙江人桂玉》[26]的题目也可以看出,他和浙江方面有着一定的交流。

宣祖时期的诗人权韠(1569~1612),与来自紧邻杭州的浙江省绍兴府,指挥水军的吴宗道,以及他的幕下——也出身于绍兴府的胡庆元相互赠诗来交游。权韠特意作了长达52句的长诗《送胡秀才庆元从吴都司南下》,来安慰奔赴朝鲜战场,思乡心切的胡庆元。[27] 权韠还赠给来自杭州的名叫娄凤鸣的明军《送娄凤鸣还杭州钱塘县》一诗。 由于娄凤鸣是杭州出身的水军,在相互赠诗的过程中,自然从他那儿听到和杭州西湖有关的详细内容。与明军将校持续加深友谊的权韠、赵纬韩,跟许筠也很熟,因此,许筠经他们介绍,与浙江出身明军将校吴明济相识,并和吴明济讨论了汉诗的创作。 李廷龟(1564~1635)是离杭州不远的浙江金华县出身的秀才,明军葛亮赠送他《钱塘歌赠金华秀才》[28]一诗,用很长的篇幅来描述与杭州西湖

---

24) 明关于与明军郊游的详细内容,可以参照郑珉,「壬亂时期 文人知识人层与明军的交游和其意味」(『韩国汉文学研究』 19,1996)。

25) 裴龙吉,『琴易堂集』 卷1。

26) 李达,『荪谷诗集』 卷6。

27) 权韠,『石洲集』 卷2。

28) 李廷龟,『月沙集』 卷1,题为「钱塘歌」的这首诗共三51句 361字的长诗。 那是通过翻译进行得交谈,主要歌颂了钱塘西湖的风光。

有尖的风物,并憧憬和向往该地区的美丽风光。

朝鲜前期知识阶层,通过西湖图对西湖的形象进行了积极的表达。明宗(1545~1567)曾经得到一幅画,而大臣们却无法说明该画的内容,最后由作为使行和远接使,接待过两次中国使臣的郑士龙(1491~1570)来出面说明。郑士龙说那幅画是杭州的西湖图,并对西湖的灵隐寺、涌金门、苏堤等名胜地予以说明,而且还题了《杭州图诗》后献给明宗。[29]

杭州图诗中有说明伍子胥的祠堂和钱塘江的潮水等场面。由此可见,朝鲜知识阶层对以苏杭为代表的江南的想象,从相当早的时候就开始了。虽然没有去过这个地方,但通过诗画来想象该地区的名胜。而朝鲜的知识阶层之间,收藏描绘杭州地区景点的杭州图或西湖图已成为一种时尚。杨士彦(1517~1584)的《杭州图跋》、申钦(1566~1628)的《西湖景图跋》、白光勋(1537~1582)的《西湖玩月图》、李好闵(1553~1634)的《杭州西湖图》等,这些文人的作品就说明了这一点。他们对西湖图的需求随着时间的推移日益增加。

结语:西湖形象的传承

杭州西湖的形象对知识阶层来说是乌托邦。朝鲜王朝建国的主导势力,羡慕文物发达的江南。 憧憬西湖并对此予以想象的知识阶层,是基于朱子性理学的儒教主义理念主导朝鲜建国的人群。朝鲜前期的知识阶层作为支配层,把实际上无法来往的中国江南,设定为他们向往的乌托邦来想象。对知识阶层来说,乌托邦是和王道政治的实现相接轨的存在。

---

29) 郑士龙,『湖阴杂稿』。

当时的知识阶层通过作诗、观赏画,来梦想着到西湖及其周边的灵隐寺和苏堤等地游览、生活。杨士彦在《杭州图跋》中以灵胥怒涛,岳王忠愤等名胜景点来描绘西湖的面貌。针对杭州的西湖图,肃宗时期历任领议政的申琓(1646~1707)在《题西湖图并序》中表达了自己想在西湖游览的期望。根据这些内容,我们可以知道,到了朝鲜后期,西湖仍然备受知识阶层的青睐。

而到了16世纪,当时喜欢吟颂的南朝民歌风流行起来,在此过程中,以无法到达的西湖为主的江南地区,更成为向往的对象。再加上与壬辰倭乱时期赴朝鲜的相当多的浙江出身的明水军进行交流,也更加快了这种潮流。[30] 此外,漂海录对中国江南风物的介绍,对这种气氛的扩散起到了很大的作用。被不断的士祸和党争,战争抑压的心理需要突破口,从而促使美丽的西湖风景画迅速流行起来,也是主要原因之一。 16世纪前期,包括政治权力在内,为掌握整个社会和文化主导权的社会矛盾爆发出来,此时此刻,杭州西湖便被描绘成江南地区的乌托邦世界,从而成为知识阶层憧憬的对象。

对杭州西湖的想象,还延伸到位于朝鲜汉江的西湖,把焦点转移到朝鲜的风光而继续发展。以隐逸、脱俗、尽忠、义愤、浪漫而洒脱为观念的西湖之形象,进入宣祖代后延伸到朝鲜的汉江。西湖的形象延伸到朝鲜的汉江中风光秀丽的西湖和东湖。朝鲜的知识阶层无法到达中国,因此在汉江的西湖中流连忘返,将其替代杭州的西湖来享受风流。他们接待中国使臣们时也在此进行。[31] 知识阶层通过歌颂汉江西湖,来表达向往杭州西湖的渴望,在那里游览并举办宴会或诗会。到了16世纪后期,随着对西湖认识的

---

30) 郑珉,参考上面提出的论文。

31) 李锺默,「16世纪汉江的宴会和诗会」 『诗歌史和艺术史的关联面貌』 (Ⅱ),报告社,2002.

发展,汉江的西湖和杭州的西湖相互糅合,使得形象不断重叠起来。随着对西湖图需求的扩大,对西湖的想象向现实文学和书画发展的趋势,继续延续到了朝鲜后期。

부록

중국 북방 기행; 우리 고대 역사의 발자취를 찾아

중국 북방 기행;
우리 고대 역사의 발자취를 찾아

*

2016년 7월 4일(월)부터 7월 11일(월)까지 필자는 재단법인 삼강문화재연구원이 창립 20주년을 기념하여 기획한 중국 북방지역 역사기행에 참여하였다. 고고학과 고대사 전공 학자들과 함께한 이번 북방기행은 우리 고대 역사의 발자취들을 직접 눈으로 확인하며 많은 것을 느낄 수 있었던 특별한 여행이었다. 동시에 중국의 동북공정으로 발해와 부여 역사를 당나라 지방정권의 역사로 편입하여 기록해 놓은 현장들을 곳곳에서 목격할 수 있었던 기회이기도 하였다.

필자는 이번 답사여행의 견문과 소감을 간략하게나마 여행기로 남겨 보고자 한다. 사실 중국의 북방지역 역사기행문을 제대로 작성하기에는 전문성 부족과 능력의 한계가 분명히 있다. 그러나 한국인의 정체성과 관련한 일반적인 소감을 나름대로 기록해 볼 수 있을 것이라 생각하면서 기행문 작성의 용기를 내어 보았다. 물론 여기에는 답사여행을 다니며 느끼게 된 나 자신의 정체성을 재확인하는 일종의 문화적 체험기를 남겨야겠다는 욕심도 있었다. 주요 답사 지역은 훈춘의 조·중·러 변경지대, 화룡과 영안을 중심으로 한 발해 역사 유적지, 아성의 금나라 역사 유적지, 수·당 제국을 건설한 선비족의 발원지인 북방의 알선동(嘎仙洞), 장춘과 길림성의 부여 유적지 등이다. 여행기는 기행을 다닌 시간 순서대로 일기 형식으로 작성하였다.

Ⅰ. 조·중·러 삼국 변경지대를 둘러보고

7월 4일. 부산에서 중국의 연길까지는 가까웠다. 김해 국제공항을 오전 9시에 출발하여 2시간 40분 만에 연길국제공항에 도착한다. 북녘 땅을 가로 질러가나 했는데 북한 영공을 피해 서해로 나가 대련 상공을 지나 연길로 향하는 항로이다. 부산에서 북한 영공을 바로 질러가면 정말 가까운 곳인데, 그렇게 하지 못하는 현실이 안타깝다. 이번 답사로 연길은 세 번째 방문하게 된다.

도착 후 가장 먼저 민족시인 윤동주 생가를 둘러 본 후, 북녘 땅 회령을 먼 곳에서 바라 볼 수 있는 북중 국경 지대의 三合鎮으로 향했다. 삼합이라는 지명은 두만강과 북한 땅에서 회령시를 가운데 두고 흘러 내려오는 두 줄기의 큰 내천이 합쳐지는 곳이라서 불린 이름이다. 중국 땅에 위치한 望江閣 전망대에서 한참동안 남북 분단으로 가볼 수 없는 북녘 땅을 바라보자니, 여러 가지 상념이 머리를 맴돈

〈그림 1〉 중국 땅에서 바라 본 북한 회령시 원경

다. 이어서 찾은 곳은 발해사 관련 유적지인 용두산고분군과 서고성 옛터였는데, 이에 대해서는 다음 장에서 서술하기로 한다.

7월 5일. 연길 도착 이튿날 오전 우리 일행은 중국과 북한의 변경 지대인 도문지역을 둘러보고, 북한과 중국과 러시아의 국경이 함께 만나는 琿春 지역의 防川으로 향했다. 방천으로 가는 길은 敦化로 가는 방향으로 조금 위로 가다가 동쪽의 훈춘시를 거쳐서 가게 된다. 두 시간 남짓 걸린 방천까지의 연도는 대부분 두만강 강변의 경계 지역이다. 가는 길의 도로는 잘 포장되어 있었다. 주변 산하의 모습은 우리나라의 그것과 거의 똑같은 느낌이 들어 여기가 남한 땅인가 하는 생각이 들 정도였다.

훈춘 지역은 박경리 소설 토지에서 많이 등장하여 익숙한 느낌을 준다. '琿春'은 만주어로 '邊遠之城'이라는 의미를 가지고 있다고 한다. 이 지역에 들어오니 사방이 열린 광활한 대지가 펼쳐진다. 그동

〈그림 2〉 두만강 하류 전경

안 훈춘을 지도상으로만 보면서 변방의 좁은 지역이라고만 여겨 왔는데, 직접 와서 보니 아주 너른 들판이다. 가히 지평선을 볼 수 있는 정도의 넓은 평원을 바라보는 순간 가슴이 확 트인다. 아마도 전북의 김제평야보다 더 넓은 듯하다. 이 넓은 지대를 무대로 대립의 조·중·러 삼국이 평화의 삼국으로 선의의 각축을 벌이면 상호 경제적으로 크게 발전할 수 있을 것이라는 생각이 든다.

　역사적으로 훈춘은 부여족의 한 갈래인 北沃沮 지역이었으며, 발해 五京의 하나이자 일본과의 통교지역이었던 東京龍原府가 바로 이 지역에 위치하고 있었으니, 훈춘도 우리 고대 역사의 무대였음이 분명하다. 강변을 따라가는 중국 땅 도로에서 보는 두만강은 하류에 이를수록 강폭이 점점 넓어진다. 그동안 상류지역서만 본 좀 넓은 내천

〈그림 3〉 용호각 전망대

정도로만 생각했던 두만강의 이미지가 여기에 와서 완전히 바뀌는 듯하다. 두만강의 양쪽을 통일되면 기어코 도보로 걸어 보리라는 생각이 마음속에서 갑자기 솟아오른다.

防川은 조·중·러 삼국의 변경이 상호 접하는 곳이라, 중국에서 명승지를 의미하는 風景區로 개발되어 있었다. 우리는 풍경구 내에 들어와 셔틀버스를 갈아타고 접경지를 바라 볼 수 있는 위치로 이동하였다. 그곳에는 龍虎閣이라 명명한 11층 높이의 전망대가 건립되어 있었다.

전망대에 오르니 두만강 하류의 삼각지대에 형성된 조·중·러 삼국의 변경구역이 한눈에 들어온다. 가히 '一眼望三國'이다. 접경지대는 역시 생각보다 훨씬 넓었다. 멀리 보이는 러시아 땅의 광활한 습지는

〈그림 4〉 조·중·러 접경지대 원경.

농경지로 개발되지 않고 그대로 남아 있다고 한다. 최근 보도에서 접했던 북한의 나진 선봉 개발구역이 멀리 어렴풋이 보인다. 망원경이 설치되어 있어 좀 더 가까이 볼 수 있었지만, 가보지 못하는 아쉬움은 크다. 중국 땅은 동해 바다가 저 멀리 보이는 지척의 거리를 두고도 바다를 접하지 못하고 있음을 눈으로 확인한다.

삼국이 만나는 중국 측 국경의 마지막 지점에 세워져 있는 중국의 초소인 東方第一哨가 용호각에서 동쪽 방향으로 멀리 보인다. 그러나 여기에는 군사 구역이라 갈 수 없었다. 용호각 아래층에 있는 전시관을 둘러보니, 이 지역의 민속과 역사에 대한 여러 가지 볼만한 것들이 잘 전시 되어 있다. 다음 행선지인 敦化로 이동하는 동안 다시 상념에 빠진다. 한때 발해의 수도가 있었던 훈춘은 생각했던 것보다 훨씬 넓었다. 여기도 역시 우리 고대역사의 무대였다. 백문이 불

여일건이라 했던가. 이로써 우리나라 최북단의 영토 지리를 이해하는데 매우 큰 도움이 되었다. 머릿속의 역사지리와 눈으로 본 역사지리는 많이 다르다는 것을 새삼 절감한다.

II. 해동성국 발해 역사의 현장을 찾아

7월 4일. 발해 유적지로서 제일 먼저 찾아간 곳은 연길시에서 멀지 않은 길림성 화룡시 두도진에 위치한 龍頭山古墓群이다. 이곳은 발해사 연구에서 아주 중요한 유적지의 하나로서, 발해 中京 시절의 고분군을 이루고 있다. 대부분 8세기 중엽부터 9세기 중엽까지 왕실의 무덤인데, 모두 40여기 정도 분포되어 있다.

무덤은 대부분 도굴되었지만, 여러 개의 묘지명이 남아 있어 발해 역사를 연구하는데 매우 중요한 자료가 되고 있다. 그 가운데 가장 대표적인 것이 발해 3대 文王(737~793 재위) 大欽茂의 넷째 딸 貞孝公主의 묘지명이다. 문왕의 둘째 딸 貞惠公主의 묘는 길림성 敦化市 六頂山古墓群에 있다. 두 공주의 묘에서 묘지, 벽화, 돌사자 등 발해사 및 발해 미술사 연구에 없어서는 안 될 진귀한 유물들이 대량으로 출토되었다. 아주 중요한 묘지임에도 울타리가 쳐져 있는 貞孝公主의 묘는 출입문이 잠겨 있어 아쉽게도 그냥 원거리에서 살펴보고 발길을 돌릴 수밖에 없었다.

다음으로 향한 곳은 용두산 고분군에서 대략 9km 거리의 발해유적지 西古城 터 이다. 서고성은 和龍市의 平崗 평원의 중앙에 위치하

〈그림 5〉 서고성 터. 발해 중경현덕부 유지

고 있으며, 발해 五京 중 하나인 中京顯德府 유적지이다. 서고성의
전체적인 모습은 장방형으로 총넓이 46만 평방미터이며, 土築 성곽
의 윤곽이 아직 뚜렷하게 남아 있었다. 지금까지 궁전지와 회랑의 흔
적 및 우물 등이 확인된다. 현재 역사유적지로 새롭게 단장하기 위한
정리 작업이 한창이다. 외성과 내성의 이중 방어체계를 갖추고 있는
서고성은 여행자가 처음 마주치게 된 발해의 왕성이라서인지 그 규
모에 기분 좋게 압도된다. 오늘 이 유적지를 보는 것만으로도 이번
답사 목적의 반을 달성한 것 같은 기분이다.

　그러나 '唐代渤海國'이라는 유적지 안내판의 표기를 보면서 이내
기분이 상한다. 오늘의 중국은 발해를 唐의 지방정권이라는 의미의
'渤海國'으로 명명하여 발해를 중국의 역사로 아예 편입시켜 버린 것
이다. 이후 답사에서 계속 마주치게 된 우리의 발해역사 유적지에 대
해 시종일관 '唐代의 渤海國'으로 안내하고 있을 줄은 아직은 몰랐다.

〈그림 6〉 정혜공주의 무덤

7월 6일. 敦化는 조·중·러 삼국의 국경지대 防川에서 G12번 琿烏
고속도로를 따라 서북쪽 방향으로 약 290km 정도의 거리에 위치하
고 있는 도시이다. 역시 여기도 연변조선족자치주에 위치하고 있다.
오전에 찾아간 발해 유적지는 六頂山古墓群이다. 돈화시 六頂山文
化旅遊區 안의 '六鼎山'이라는 곳에 발해 중기 고분들이 집중적으로
분포되어 있었다. 무덤은 대부분 도굴되거나 허물어져 있었다. 육정
산고분군에서 가장 대표적인 무덤은 정혜공주의 묘이다.

일행은 고분군으로 들어가 발해사 연구에서 매우 중요한 자료로써
말로만 들어왔던 貞惠公主의 묘를 직접 볼 수 있었다. 답사자료집에
의하면 정혜공주 묘는 석실봉토분으로서 고구려 양식을 잘 잇고 있
다 한다. 우선 이것만 보더라도 발해는 고구려 전통을 이어받은 것임
이 분명하다. 고분군을 돌아 나오는 길옆에 정혜공주 묘지명을 실제
보다 크게 복제하여 세워 놓은 것을 볼 수 있었다. 정혜공주 묘지명

<그림 7> 실물보다 크게 복제한 정혜공주 묘지명

의 실제 크기는 높이 90cm, 너비 49cm, 두께 29cm이며, 해서체로 21행 725자가 새겨져 있다.

오전 10시쯤 육정산고묘군을 뒤로 하고 길림성 寧安을 향해 출발하였다. 돈화에서 영안의 발해상경성을 찾아 가는 고속도로 연변의 광활한 대지는 가히 일망무제이다. 이것이 바로 만주 벌판이다. 하늘은 높고 매우 청명하며 푸르다. 버스는 일제 식민지 시기 우리나라 독립운동가들이 즐겨 찾았다는 아름다운 호수 鏡泊湖 옆을 지나간다. '海東盛國' 발해의 상경성용천부는 경박호에 멀지 않은 곳에 위치하고 있다.

上京城은 흑룡강성 寧安市 渤海鎭에 있는 발해 전성기의 수도이다. 가장 오랫동안 사용된 발해 도읍지로서, 문왕이 756년 초에 이곳으로 도읍을 옮겼고, 780년대 후반부터 793년경까지 東京으로 일시 천도했던 것을 제외하고는 멸망 때까지 계속 발해의 수도가 되었다. 상경성은 926년에 발해가 멸망하고, 928년에 유민들이 요동지방으로 강제 이주된 뒤에는 폐허가 되었던 곳이다.

〈그림 8〉 발해상경유지박물관

 상경성은 1961년 3월에 전국중점문물보호단위로 지정되었다. 황
성 동쪽에 오래전부터 박물관을 세워 유물을 전시해 왔으나, 최근 상
경성 남쪽에 박물관을 확장 신축하여 유물들을 전시하여 놓았다. 우
리는 아직 준비가 조금 덜되어 정식으로 개관되지 못하고 있는 渤海
上京遺址博物館부터 관람하였다. 현장 관리 책임자가 박물관 내에서
사진 촬영을 못하게 하였다. 우리 일행은 신문기자가 아니라 학자들
로 구성되어 있어 문제를 일으키지 않을 것이라 하며, 억지로 양해를
구하고 사진을 찍을 수 있었다.

 여행자는 박물관 전시에서 우리의 발해사가 어떻게 자기 역사로
표현하고 있는가에 대해 계속 관심이 갔다. 발해는 주지하듯이 고구
려 계승의식을 분명히 하며 해동성국이라 불릴 정도로 자주 독립국
가로서 성장 발전한 나라였다. 그런데 필자의 눈에 계속 들어온 것은

〈그림 9〉 발해상경성 외성 남문터

발해를 '唐代渤海'라 표기한 것과 大祚榮을 중국 민족으로 분류해 놓고 있는 부분이었다. 중국은 당대발해라는 표현으로 발해사를 중국사로 못을 박고 있었다. 지금의 중국 영역 내에서 발생한 과거 우리 민족의 역사를 모두 중국 역사로 만드는 2002년부터 시작된 동북공정의 결과를 답사지에서 직접 목도한 것이다.

발해 건국의 주역은 靺鞨族으로 말갈족은 선진시대에 肅愼으로 불리다가 남북조 때는 勿吉, 수당 시기에는 7개의 部로 형성된 靺鞨로 칭해졌는데, 7개의 부 가운데 가장 선진적인 部가 粟末部로서, 발해국을 개창한 大祚榮은 바로 粟末靺鞨 사람이라고 해 놓았다. 현재 중국 영토 내에서 활동한 모든 민족은 다 중국의 민족이라는 동북공정의 특성대로 의심의 여지없이 대조영을 중국인으로 규정해 놓고 있었다.

박물관 바깥으로 나와 상경성 전체 모습을 보기 위해 사방을 휘둘러보았으나, 역시 그 끝이 보이지 않는다. 상경성은 아주 너른 평지에 조성된 오늘날 말로 하면 완전 계획도시이다. 당나라 장안성의 축소판이라 하지만 규모가 매우 크다. 자료집에 의하면, 상경성은 멀리 아름다운 鏡泊湖 호수로부터 펼쳐진 현무암 충적평야의 지대 위에 위치하고 있으며, 外城, 宮城, 皇城으로 구성되어 있다.

외성의 평면은 동서로 기다란 장방형이면서 북벽은 밖으로 튀어나와 '凸'자형을 이루고 있다. 동벽은 3,358m, 서벽 3,398m, 남벽 4,586m, 북벽 4,946m로 전체 둘레가 16,288m이지만, 기록마다 수치가 조금씩 다르다. 성벽 밖에는 垓子를 돌렸는데, 동벽과 북벽 바깥에는 아직 흔적이 잘 남아 있다. 또 네 모퉁이에는 角樓를 세웠던 흔적도 있다.

宮城은 북쪽 가운데에서 장방형을 이루고, 현존 높이 3∼4m로 석벽이 주위를 에워싸고 있다. 전체 둘레는 3,986m로서, 동벽 900m, 남벽 1,050m, 서벽 940m, 북벽 1,096m이다. 역시 궁성의 네 모퉁이에도 각루의 흔적이 보이고, 성 밖으로 해자를 돌린 흔적도 있다. 外城 안에는 11개의 도로가 종횡으로 연결되어 있어서 도시 전체가 바둑판 모양의 坊을 이루었다. 방의 전체 숫자는 81개 이상으로 추정되며, 4개의 방이 한 단위를 이루어 田자 모양을 하였다. 여기에는 일반 주택뿐 아니라 시장과 사찰도 자리 잡고 있었다.

〈그림 10〉 상경성 흥륭사 석등

박물관을 나온 일행은 답사 일정상 외성의 남문 터와 성내의 興隆寺 石燈 및 성의 북쪽에 위치한 宮城址만 둘러 볼 수밖에 없었다. 흥륭사 대웅전 앞의 발해 석등은 6m가 넘는 크기로, 지금도 지대석, 하대석, 간석, 중대석, 화사석, 상륜을 모두 갖추고 있다. 석주 아래에 새겨진 연꽃 부조는 강하고 힘찬 발해인의 기상을 보여주는 듯 선이 굵고 명확하다. 전체적으로 고구려와 당나라 및 통일신라 양식 등의 영향을 받으면서도 발해인의 창의성이 발휘된 걸작으로 평가된다. 이 석등은 발해의 건축물이 하나도 남아 있지 않은 상태에서 그나마 당시 건물의 형태를 짐작할 수 있게 하는 유일한 것으로 매우 귀중한 자료가 되고 있다.

현재의 宮城址는 정문 五鳳樓의 터만 남아 있는데, 5m 정도의 축대와 그 위의 주춧돌이 잘 남아 있다. 궁성 내부는 4개 구역으로 나뉘어 있었다. 황성은 궁성 남쪽에 도로 하나를 사이에 두고 있다. 평면은 가로로 길쭉한 장방형으로, 동벽 447m, 남벽 1,045m, 서벽 454m, 북벽 1,050m로 전체 둘레가 2,996m 규모로 모두 돌로 쌓았다.

오늘의 중국은 상경성을 자국의 역사 유적지로 둔갑시켜 놓았다.

〈그림 11〉 발해 상경성 궁성지 축대

　그러나 상경성은 唐의 영향을 받은 것은 사실이지만, 우리의 역사문
화 유적임이 분명하다. 당나라의 장안은 세계의 중심이었다. 서양에
로마가 있었다면, 동양에는 장안이 있었고, 그리고 우리의 발해 상경
성이 있었다고 말하고 싶다. 그래서 '海東盛國'이라 하지 않았던가.
한편 상경성이 장안성을 모방하였다고 하더라도 선진 문물의 수용은
역사의 어느 시기나 장소에서도 늘 있는 일이니, 이런 부분에서 굳이
문화적 자존심 같은 것을 내세울 필요는 없을 것이다.

　우리는 발해 상경성 유적지를 벅찬 마음으로 둘러 본 후, 상경성
자체를 하나의 행정구역으로 하면서 그 가운데 위치하고 있는 渤海
鎭 시내에서 간단하게 늦은 점심 식사를 하였다. 하오 4시 무렵 하얼
빈을 향한 전용버스에 오른다. 차창 밖은 상경성으로 올 때도 그러하
였지만, 이곳을 떠나 하얼빈으로 가는 차창 바깥도 광활한 대지의 연

속이다. 그곳은 우리의 옛 만주 벌판이었다. 대략 5시간가량 걸려 밤 9시 좀 넘어 하얼빈 시내 도착하여 러시아풍의 마띠에얼(马迭尔) 호텔에 투숙하였다.

Ⅲ. 북방 선비족의 발원지, 알선동(嘎仙洞)으로

〈그림 12〉 금태조 완안아골타릉 비석

7월 7일~8일. 아침 7시 50분 호텔을 나서 먼저 하얼빈의 위성도시 阿城에 위치한 金上京歷史博物館을 비롯한 金나라 궁성 등을 먼저 관람하였다. 金나라(1115~1234)는 주지하듯이 송나라의 북쪽 지역을 정복하면서 남송의 시대를 만든 북방의 제국이다. 야사에서 금나라의 역사는 고구려와 발해 역사의 계승이며, 금태조 阿骨打가 신라의 후예로서 우리 민족의 역사라 하는 이들이 있지만, 필자는 잘 모르겠다. 다만 우리 역사와 결코 무관할 수 없는 金의 역사인 것은 분명하다는 생각이 든다.

阿城에 도착하여 송나라 영토를 장악하면서 거대한 북방 제국을

〈그림 13〉 안중근이 이등박문을 저격한 하얼빈역 플랫폼

형성한 金의 역사가 잘 전시된 금상경역사박물관부터 둘러보았다. 박물관을 나온 후 바로 옆에 위치한 금 태조의 거대한 무덤 金陵과 그 뒤편에 지하 묘도로 연결된 寧神祠와 사당의 지하에 위치한 무덤 내부를 직접 볼 수 있었다. 무덤 내부의 크기는 북경 근처의 明十三陵 중 개방되어 있는 定陵보다는 물론 작았다. 금릉의 봉분은 사당의 지하 무덤에서 대략 5,60m 정도 떨어진 곳에 위치하고 있다.

그러나 나중에 다시 들어보니 금태조의 왕릉을 성역화 하기 위해 영신사 밑의 지하묘는 훗날 조성하였다는 말도 있어 어느 것이 맞는지 모르겠다. 아마 이것도 오늘 중국역사 속의 민족주의적 성향을 보여는 주는 한 부분이라 할 수 있지 않을까 싶다. 영신사를 나와 차를 타고 조금 떨어진 곳에 위치한 황성이 있었던 金上京會寧府遺址를 찾았다. 外城은 토성으로서 규모가 매우 크게 조성되어 있었다. 그러나 아직 유적지가 제대로 정리되어 있지 못하여 멀리서 성의 규모만 살필 수밖에 없었다.

아성에서 다시 하얼빈 시내로 되돌아와 점심식사 후 우리는 하얼빈역에 위치한 안중근의사기념관을 참관하였다. 중국정부가 안중근이 이등박문을 저격한 하얼빈 역사 내 일부 공간을 최근에 기념관으로 개조하여 관련 사진들을 중심으로 전시해 놓고 있다. 특별한 것은 안중근의 저격 장소와 이등박문이 쓰러진 지점을 현재의 하얼빈 역사 바닥에 표시해 놓고, 이를 전시관 내에서 볼 수 있게 해 놓았다는 점이다.

다음으로 흑룡강성박물관을 관람하였는데, 흑룡강성을 대표하는 박물관 치고 좀 초라하였다. 그렇지만 흑룡강성의 역사와 문화적 특성을 나름대로 잘 정리해 놓고 있었다. 박물관을 나와 알선동 행 밤기차 시간까지 기다리는 동안 시내 중심에 있는 성소피아 성당과 러시아풍의 中央大街를 관광을 하였다. 하얼빈은 1903년 제정러시가 이 지역을 중동철도를 건설하기 위한 부속지로 조차하면서 급속도로 발전한 도시이다.

우리는 다소 이른 저녁 식사를 마치고 오후 6시 4분에 출발하는 알선동이 있는 阿里河鎭 행 밤기차에 올랐다. 오랜만에 타보는 중국 야간열차였지만 문이 달린 4인실 침대칸이라 크게 불편하지 않았다. 여행 동료들과 도수 높은 백주를 마시며 이런 저런 이야기를 나누다 보니 어느새 밤은 깊어만 간다. 아리하로 향하는 밤기차 안에서 어쩌

〈그림 14〉 알선동 입구 선비석실축문과 모조 축문.

면 이번 여행지에서 호기심을 가장 크게 발동시켰던 알선동(嘎仙洞; 까셴동) 동굴을 무엇 때문에 보러 가는 것인가를 다시 한 번 더 생각한다. 알선동은 중국의 北魏와 隋·唐의 역사와 깊숙이 관련된 곳이었지만, 동시에 우리나라 북방 고대 역사의 무대였던 만주 지역에 위치하고 있다는 것에서도 관심이 끌게 되는 곳이다. 알선동의 아리하진은 내몽고자치구 鄂倫春自治旗 정부의 소재지이다.

아리하의 알선동은 隋·唐 제국 건국의 주역들이었던 拓跋鮮卑族의 발상지로 알려져 있는 곳이다. 중국에서 한과 흉노의 두 제국이 분열·약화로 민족대이동이 시작되면서 남쪽으로 이동하게 된 이민족의 숫자는 매우 엄청났다. 3세기 후반 수백만의 선비족이 산서 지역에 주로 분포하기 시작하였고, 전진 시대에는 약 천만에 이르게 된다. 이렇게 시작하여 정치, 사회, 문화, 경제 등 모든 방면에서 북방의 유목적 요소와 중국의 농경적 문화가 서로 융합되어 새로운 체제가 형성되게 되는데, 박한제 교수는 이를 '胡漢體制'라 하였다. 답사단이 찾아가려 한 곳은 바로 이러한 역사의 발원지였던 북방의 알선동 동굴인 것이다.

알선동 동굴은 중국의 고고학자 米文平에 의해 1980년 여름 내몽골의 소수민족 악륜춘(鄂倫春; 어룬춘)족의 한 동굴에서 북위 시대 석각 축문(443년)이 발견된 곳이다. 이 축문에서 북위 황실에서 사람을 이곳으로 보내 조상들에게 제사를 드렸다는 사실이 확인 되었고, 이곳이 북위를 세운 탁발인들의 발원지로 확인할 수 있게 하였다. 미문평에 의한 동굴의 발견은 중화인민공화국 성립 이후 중국 고고학상 가장 위대한 발견 중의 하나로 높이 평가 받고 있다고 한다. 자료에 의하면 동굴내부는 최대 폭이 28m, 천정이 최고 20m나 된다. 안쪽으로 깊이가 90m, 바닥은 약 2천 평방미터로 대략 1천 명 정도 수용할 수 있는 정도의 공간이다.

알선동을 향한 밤기차는 12시간 남짓 달려 아침 6시 20분 아리아역에 도착하였다. 밤기차는 우리의 북방기행 영역을 크게 확장시켜 준다. 답사단은 남북국시대와 같은 시기의 수·당 제국 황실의 발원지 알선동 동굴을 찾아 그야말로 不遠數千里 하고 달려 온 것이다. 현지에는 새벽까지 비가 내렸지만, 우리가 도착 후로 비가 그쳐 날씨가 청량해 기분이 아주 상쾌하다. 몸도 별로 피곤한 줄 모르겠다. 역에 도착 하니 현지 가이드가 나와 우리를 반기면서 아침 식사 자리부터 안내 한다. 아침인데도 북방의 아침 식탁은 풍성하다.

오전 7시 반 경 阿里河鎭 시내를 가로 질러 알선동굴이 있는 嘎仙

〈그림 15〉 알선동 삼림공원 외곽초소

洞森林公園으로 향한다. 자신을 한족이라고 소개한 큰 체구의 잘생긴 남성 가이드는 굵은 목소리로 아리하진은 3천 년 전부터 사람들이 살았으며, 당태종 이세민이 바로 선비족의 후손이라 하며 大唐의 역사에서 절대 빼 놓을 수 없는 중요한 지역이라 자랑스레 열변을 토한다. 아리하의 인구는 3만 5천 명인데, 이 중 조선족이 대략 5~10% 정도 된다고 한다. 그러나 이들은 점차 조선어를 잘 모르게 되는 추세라 한다. 조선족은 기본적으로 조선족 학교가 없어 점차 한족화 되어갈 수밖에 없는 흐름에 놓여 있었다.

불원천리하고 왔지만 동굴로 가는 삼림공원의 출입 초소에서 예상하지 못한 상황에 부닥쳤다. 가는 날이 장날이라고 지금 알선동 동굴을 대대적으로 새로 정비하는 작업을 하고 있기 때문에 완공할 때까지 절대 들어 갈 수 없다는 것이다. 출발 전에 재정비 중이라는 소식

〈그림 16〉 알선동 유적지입구 조형물

은 비록 들었지만, 막상 들어갈 수 없다고 하니 그야말로 눈앞이 캄캄하다. 일행 모두가 크게 낙담한다. 얼마나 먼 길을 왔는데 일언지하에 들어갈 수 없다고 하니 모두 이만저만 실망이 아닌 것이다. 멀리 한국에서 오로지 이것 하나 보러 왔는데 그냥 돌아갈 수는 없다고 아무리 호소해도 막무가내 들어갈 수 없다고 한다.

그러나 이대로 절대 돌아 갈 수 없는 일이었다. 이곳을 일단 물러나와 한참을 근처에 오가는 사람들에게 수소문해서 우여곡절 끝에 阿里河 시내에 위치한 악륜춘자치기 알선동삼림공원 관리사무소를 찾아가 통사정을 하였다. 우리의 간절한 호소가 통했는지 관리사무소 부주임 孫明志가 출입 초소에 전화 한 통화로 간단하게 해결하여 준다. 역시 아직 중국에는 절대 안 되는 것도 없다는 생각을 갖게 한다.

알선동 동굴이 위치한 삼림구역으로 조금 들어가니 유적지를 상징한 조형물이 나타난다. 자작나무와 침엽수로 이어진 숲길의 주변은

〈그림 17〉 장막 틈새로 보이는 정비 중인 동굴 입구

공기가 매우 맑고 산수 환경이 아주 좋다. 대략 수 킬로미터 정도의
길을 차로 천천히 이동하다 보니 중간 지점부터 유적지가 있는 알선
동 동굴 앞까지 곳곳에 정비 중이었다.

우리는 어렵게 동굴 바로 밑에까지 도달하였다. 그러나 아래 평지
에서부터 공사장 차단막을 둘러놓아 높이 70m의 화강암산 중턱
24m 위의 동굴에 올라갈 수 없었다. 알선동 현장 책임자로 인상 좋은
黃立親 주임에게 또다시 통사정하였지만 역시 들어갈 수 없게 한다.
결국 아무도 동굴 안으로 들어가지 못하고, 차단막 틈새로 사진 찍으
며 보는 것 외 방법이 없었다.

알선동 동굴을 눈앞에 두고도 들어가 보지 못해 정말 아쉬웠지만,
그래도 동굴 앞 100m 정도 전방 평지에 흐르는 수 미터 폭의 냇가에
서 동굴이 위치한 전체 바위산은 조망할 수 있었기에 그나마 다행이
었다. 동굴 앞의 시냇물은 매우 시원하다 못해 손이 아릴 정도로 차

〈그림 18〉 알선동 동굴이 위치한 바위산 원경

가웠다. 두 손으로 그대로 떠 마셨는데도 물맛이 달달하니 좋았다. 여행기를 정리하는 지금까지도 그 느낌이 생생하게 기억된다.

알선동으로 들어가는 과정에서 시간을 너무 소비하는 바람에 鄂倫春博物馆을 관람할 수 없었던 부분이 매우 아쉬웠다. 가이드가 하얼빈행 비행기 탑승 시간이 촉박하니 빨리 비행장으로 이동해야 한다는 말에 현지의 지리 사정을 모르는 우리는 박물관 관람을 생략할 수밖에 없었다. 아리하진에서 가격달기(加格達奇; 쟈거다치) 공항까지 한 시간 정도 걸려 도착하니 막상 시간이 너무 많이 남는다. 가이드의 의도인지 시간을 잘못 계산한 것인지 모르지만 박물관 관람을 못하고 온 것이 못내 아쉬웠다. 어쩔 수 없는 일이었다. 그야말로 중국식 표현으로 '沒方法'이다.

비행기 탑승을 기다리는 동안 중국의 포털 바이두를 검색해 보니, 악륜춘족은 한족을 제외한 55개 소수민족 가운데 가장 인구수가 작은 민족의 하나라 한다. 인구수는 1895년에 1만 8천 명이었는데, 계속 줄어들어 3천 명 정도까지 내려갔다가 1949년 신중국 출발 이후 점차 늘어 2010년 현재 8,956명으로 늘어났다고 한다. 이들은 전통적으로 수렵과 채집을 기본으로 생활하였던 민족이었다.

답사 일정의 시간적 여유가 충분하였다면 좀 느릴지라도 기차를 타고 大興安嶺 산맥 동쪽의 대평원을 바라볼 수 있었다면 좋았겠으나, 일정상 비행기로 이동할 수밖에 없었다. 하얼빈에서 장춘까지는 남서쪽 한 방향으로 거의 직선처럼 놓여 있는 G1번 京哈 고속도로를 따라 이동하였다. 내려오는 도중 오후 3시 넘어 運糧河 휴게소에 들러 늦은 점심을 하였다. 휴게소 명칭을 보니 이 지역은 역사적으로 물산이 풍족하였던 곳이었을 것이라는 생각이 들었다. 사실 이번 답사여행에서 계속 보아 왔지만, 북방 지역에서는 남방에 비해 음식이 푸짐하다는 것을 여기서도 확인하게 된다. 덕분에 매번 식사가 즐거웠다. 오후 5시 조금 넘어 扶餘縣에 위치한 부여휴게소에 들러 잠시 휴식을 취하였다. 부여현은 옛 부여의 지명을 그대로 이어온 것이리라. 곳곳이 우리 고대 역사의 발자취임을 확인한다.

저녁 7시 좀 넘어 길림성의 성도 長春에 도착하였다. '向陽屯飯店'이라는 식당에 들러 반주로 白酒 두 병을 일행들과 함께 마시니 노독이 한꺼번에 풀리는 듯하다. 음식 맛도 아주 좋았다. 그런데 이 식당은 장춘에서 제법 유명한 식당으로 알려진 모양이다. 특이하게도 모택동과 관련된 분위기가 많이 풍긴다. 우리가 식사한 방의 한 면을 大公報 신문지로 도배를 하고 문간 위에는 모택동 사진을 걸어 놓았으며, 아래층으로 내려오는 계단 벽면에는 홍위병 사진들이 걸려 있었다. 중국사 전공의 유장근 교수는 홍위병 관련 지식 청년이 이 식당의 주인과 분명 관련이 있을 것이라 단박에 짐작한다. 그동안 지식 청년들은 문화대혁명에 대한 혹평으로 풀이 죽어 있었는데, 이 식당의 이런 모습은 놀랍다. 아무튼 우리는 장춘에서 괜찮은 식당 하나 발견한 것에 오늘 우리가 이룬 또 하나의 성과라고 큰 소리 치며 웃는다.

IV. 길림성의 부여 유적지 흔적들

7월 9일. 오늘 첫 일정은 장춘의 대표적 관광지 僞滿皇宮博物館 관람이다. 역시 여기도 세 번째 관람이다. 여기에다 '마지막 황제' 영화도 두어 번 본바가 있었으니, 정말 여러 번 본 느낌을 갖는다. 그러나 박물관 해설사로부터 정식 안내를 받으며 관람하기는 이번이 처음이다. 이어폰을 귀에 꼽고 좀 더 정리된 설명을 들으니 새삼 새롭게 보이는 부분이 있었다.

청의 마지막 황제 부의(溥儀; 푸이)가 가장 존경하였다는 康熙 황제를 잇는다는 뜻의 緝熙樓 건물 앞마당에 들어서니, 중국 전 주석 강택민이 쓴 勿忘 "九·一八"이라는 글씨를 새겨 놓은 커다란 돌이 마당 한 가운데 놓여 있다. 1931년 9월 18일 일본 관동군으로부터 침략 당한 치욕의 날을 잊지 말자는 것이다. 푸이는 나름대로 '근대' 국가를 만들려고 하였고, 만주족 출신으로서 만주를 지배하는 황제로서 존재를 강하게 내세우고 황제로 다시 등극하였다. 그러나 그가 세운 나라 만주국은 일본으로부터만 국가로 인정받았을 뿐, 아무 힘도 쓰지 못한 그야말로 가짜 허수아비 나라 伪满国이었을 뿐이었다.

위만황궁박물관을 나와 다음으로 찾아 간 곳은 吉林省博物館이다. 그러나 기존 시내에 있었던 박물관을 최근에 장춘시 외곽의 신도시로 개발한 지역으로 옮겨 놓은 바람에 신박물관을 찾느라 한참 시간을 소모하였다. 지금의 장춘시도 매우 넓은 것 같은데 다시 신시가지를 개발하여 시역을 확장하고 있다. 사방의 도로는 엄청나게 넓은 폭으로 시원하게 잘 닦아 놓았다. 중국 전역의 도시가 이런 식으로 확장되고 있음을 여기에서도 보게 된다. 그러나 새로 지은 박물관의 가장 주요한 상설 전시실은 임시 휴관 중이라 관람을 할 수 없었다. 명청시대 북방의 지역사 전시 부분을 집중적으로 보려하였던 나의 기대는 여지없이 무너진다. 할 수 없어 중국의 역대 불상 특별전시와 도자기전시 부분만 보고 나올 수밖에 없었다.

다음 행선지는 장춘과 하얼빈의 중간 지점에 위치한 부여 고분군 유적지 楡树老河深遺址이다. 이로써 북방기행은 종반을 향해 치닫는다. 먼 길을 달리는 힘든 여정으로 몸은 비록 피곤하지만, 그래도 이런 답사 여행은 여전히 재미있다. 고대사로부터 오늘에 이르는 동아시아 동북부 역사의 거시적 전개가 나의 상상 속에 종횡으로 그려지고 지워지는 것이 반복된다. 윈도 끝도 없이 동북 만주 지역의 대평원을 가로지르며 우리가 탄 낡은 전용버스는 아무 탈 없이 속도를 내면서 달린다.

〈그림 19〉 발굴 후 논밭이 된 유수노하심 유적지

조금 늦은 출발로 인해 楡樹老河深 유적지가 위치한 길림성 楡樹市 大坡镇 后岗村에 오후 6시 20분쯤에야 도착하였다. 물어물어 찾아간 유적지에 도달하니 갑자기 소낙성 비가 짧은 시간동안 쏟아진다. 비를 무릅쓰고 근처를 둘러 봤으나 유적지가 맞는지 확신이 서지 않는다. 다시 마을로 나와 촌로에게 물어보니 그곳이 맞다하여 다시 그 자리로 되돌아갔으나, 발굴 이후 모두 논밭으로 변화되어 찾기가 어려웠다. 어쨌거나 유적지의 현장에 온 것은 분명하였다.

답사 자료집에 소개된 유적지는 제2송화강 북쪽 기슭 구릉 위의 墓地群으로, 1980년대 초반 168기의 무덤을 발굴하면서 모두 4천 여 점의 유물이 출토되었다고 한다. 대부분 기원전후 시기의 것이며, 묘지는 鮮卑의 무덤이라 일단 추정한다. 그러나 일반적으로 多人葬과 二次葬적 특징이 강한 鮮卑의 무덤과 달리 老河深 묘지는 다인장도 있지만, 單人葬과 一次葬의 성격의 무덤이 많이 나온 것으로 보아,

夫餘의 무덤일 가능성이 높다고 주장하는 학자들도 있다고 한다. 비록 문외한이지만 이곳이 우리 역사의 부여와 상당기간 공존하였던 중국 역사로서 선비족 유산이 교차하는 지점이 아닐까 생각해 본다. 출토 유물은 각종 토기, 철기, 청동기, 금과 은의 석제 장식품 등이 많이 나왔다고 한다.

유수노하심 유적지에서 오후 8시 좀 못되어 출발하여 길림시로 돌아가는 도중 시골의 다소 흐름한 식당에 들러 늦은 저녁 식사를 하였다. 그런데 여기에서도 중국의 남방과 달리 음식이 푸짐하게 나오는 것을 보게 되니 여독에 지친 여행객은 즐겁기만 하다. 밤 11시경 길림의 호텔에 도착하였다. 정말 장시간 버스를 타고 이동한 하루다. 도로 사정이 좋지 않은 시골길을 많이 달려서인지 그렇게 먼 거리가 아닌데도 시간이 많이 걸린 것이다. 더군다나 내가 앉아 온 좌석이

〈그림 20〉 부여 왕성 동단산성 표식

한쪽으로 약간 찌그러져 있어 더 힘들었다. 그러나 비록 힘들었지만 고고학자들의 설명을 들으며 논밭으로 변해 버린 유수노하심 유적지를 돌아다닌 답사는 재미있었다.

7월 10일. 사실상 답사 마지막 날이다. 오늘은 길림시내 있는 유적지를 찾아 나선다. 먼저 부여의 왕성으로 전해지는 東團山城 유적지를 찾았다. 동단산성은 길림시를 안고 휘두르면서 흐르는 송화강 동쪽 건너편에 위치하고 있다. 사방이 모두 평지인 곳에서 볼록 솟은 산에 축성한 산성으로, 그 흔적의 일부가 아직 남아 있었다. 이런 곳은 전쟁이 일어났을 때 방어하기 아주 좋을 것 같다. 동단산성은 송화강을 따라 북으로 대략 1키로 지점에 이보다 큰 용담산성과 마주보고 있다.

용담산성으로 가는 도중 동단산성에서 바라보이는 帽儿山墓地群을 찾아갔다. 부여시기의 모아산고분군은 15㎢ 넓이에 1만기 정도의 무덤이 분포되어 있는 곳이다. 1985년 이래 지금까지 계속된 고고발굴에서 엄청나게 많은 유물이 출토되어 고대 부여 역사 연구에 크게 기여하고 있다. 묘지군이었을 오이밭에서 일하고 있는 농부로부터 오이 몇 개를 얻어먹었다. 그동안 접하였던 중국의 라오바이싱(老百姓)은 모두 인상 좋은 사람들로만 보인다.

우리는 모아산묘지군의 표지석을 찾다가 바로 옆의 발굴 현장을 목격하였다. 유적지를 찾다가 의외로 중국의 발굴 장면을 보게 된 것이다. 호기심에 가까이 가보려 하였으나, 현장 책임자는 접근을 단호히 금한다. 중국의 고고 발굴 현장에는 엄격하게 접근을 못하게 한다

〈그림 21〉 모아산묘지군 발굴 현장

고 한다. 최종규 삼강문화재연구원 원장은 우리가 접근할 수 없는 것은 당연한 일이니 존중해야 한다고 한다.

고구려 시기 산성이었던 용담산성에는 2002년 7월 한국역사연구회 고대사 전공자들이 조직한 고구려와 발해 유적지 답사에 참가하여 와 본적이 있으니 이번이 두 번째 온 셈이다. 용담산성에서는 다음 일정을 고려하여 龍潭이 있는 곳까지만 올라 가보고 돌아 나올 수밖에 없었다. 龙潭山은 원래 '尼什哈山'이라 하였는데 건륭제가 와서 용담을 天池라 하면서 붙여진 이름이라 한다.

용담공원에는 많은 길림시민들이 나와 휴식을 취하고 있다. 아래로 내려오니 '華盖榆'라 부르는 느릅나무가 있는데 이 역시 건륭제와 관련된 이름이다. 1754년 건륭제가 이 지역을 순력하다가 느릅나무 밑에서 휴식을 취하였는데, 너무 시원하다며 이 나무를 두고 '華盖大將軍'이라 한 이후부터, 사람들이 이를 '화개유'라 불렀다고 한다.

〈그림 22〉 용담산공원 '화개유(華盖楡)' 나무

오전 11시 반쯤 공원을 나와 마지막 행선지이자 출발지였던 延吉로 향한다. 그런데 여기서부터 기사와 버스가 교체 되었다. 이제까지타고 온 버스 기사가 갑자기 집에 일이 생겨 다른 차로 교체하여 연길로 향하였다. 기사의 이름은 唐大利이다. 그동안 정이 들었는데 헤어짐이 아쉬웠다. 길림을 떠나 G12번 珲乌고속도로를 대략 한 시간정도 달리는 도중에 2,901m 길이의 老爷岭 터널을 지난다. 우리나라 남방의 산악과 비슷한 느낌의 산악 지형이 한참 이어진다. 연길시가는 길에 보이는 산들이 뾰족 솟아나 있지는 않되 장대하다. 고속도로는 시원하게 뚫려있다. 12시 50분경 蛟河 휴게소에 들러 점심식사를 한 후 1시 30분 경 다시 출발하다. 이곳 휴게소 점심 식사 역시 푸짐하다.

오후 4시쯤 G12번 고속도로에서 연변 서쪽으로 빠져나와 시내에

4시 30분 쯤 도착하였다. 시내로 들어오는 길에 보게 된 새로 지은 延吉西驛은 중국 고속철로가 이제 변방지역까지 깔리고 있음을 상징으로 보여주는 듯하다. 현재 이곳을 중심으로 연길 서쪽에 신시가지가 한창 형성되고 있다고 한다. 저녁 식사를 하면서 모두 무사히 일정을 마무리 한 것에 대해 안도를 하고 답사의 뒷이야기들을 재미있게 털어 놓는다. 나는 이 자리에서 이번 답사에 참여할 기회를 주게 된 것에 대해 특별히 감사하고, 삼강문화재연구원이 30주년, 50주년, 100주년까지 계속 이어지기를 기원한다는 말을 하였다.

*

7월 11일. 오전 8시30분 호텔을 나와 연길국제공항으로 향한다. 7박 8일간의 중국 동북삼성 일원의 북방기행은 필자 나름대로 의미 있는 답사여행이었다고 자평해 본다. 일반 여행으로는 가보기 힘든 지역의 역사 유적지들을 찾아다닌 여행이라 그 의미가 작을 수 없을 것이다. 시간적으로 아래 위의 폭이 넓고, 문헌으로 더 이상 볼 수 없는 부분들을 땅과 땅속의 물건으로 역사를 읽는 모습에서, 여러 가지 사실을 새롭게 배우는 계기가 되었다. 빡빡한 일정 속에서도 태고의 신비를 간직한 듯한 동북삼성 최북단의 알선동 세계를 맛 본 것이 아직도 생생하다. 과열되고 가속화된 삶을 살아온 나를 조금이나마 느슨하게 살아가도록 하게해 준 것 또한 북방기행이 가져다 작은 선물이었다.

참고문헌

참고문헌

1. 자료

『经畧御倭奏议』(邢玠), 『琴易堂集』(裴龙吉), 『东方见闻录』(马可·波罗著, 蔡羲顺译),『峒隐稿』(李义健),『梅花书屋图』(赵熙龙),『梅花草屋图』(田琦),『象村稿』(申钦),『西湖游览志』(田汝成),『石洲集』(权韠),『苏谷诗集』(李达),『月沙集』(李廷龟),『颐庵遗稿』(宋寅),『漂海录』(崔溥),『鹤山樵谈』(许筠),『湖阴杂稿』(郑士龙), 『各司受教』, 『葛庵集』(李玄逸), 『菊潭集』(朴壽春), 『琴易堂集』(裴龍吉),『南宦博物』(李衡祥),『陶谷集』(李宜顯),『覽懷堂先生文集』(李而杜),『來庵集』(鄭仁弘),『嶺南鄉約資料集成』(嶺南大 民族文化研究所),『禮記·曲禮』,『明世宗蕭皇帝實錄』,『明神宗顯皇帝實錄』,『明太祖高皇帝實錄』,『牧民心書』(丁若鏞),『文獻攷略』,『密州舊誌』,『密州誌抄』,『密州誌』,『密州徵信錄』,『密州鄉案』(密陽文化院),『備邊司謄錄』,『惺所覆瓿稿』(許筠),『成宗實錄』,『星湖僿說』(李瀷),『世祖實錄』,『世宗實錄』,『笑菴先生文集』(曺夏瑋),『穌齋先生文集』(盧守愼),『蕭宗實錄』,『新增東國輿地勝覽』,『於于集』(柳夢寅),『燃藜室記述』(李肯翊),『燕巖集』(朴趾源),『英祖實錄』,『五洲衍文長箋散稿』(李圭景),『聱漢集』(孫起陽),『迂拙齋先生實記』(朴漢柱),『元史』,『儒林外史』,『仁祖實錄』,『紫雲集』(李宜翰),『佔畢齋集』(金宗直),『正祖實錄』,『定宗實錄』,『周禮』,『竹圃集』(孫思翼),『中宗實錄』,『太祖實錄』,『太宗實錄』,『鶴峯集』(金誠一),『咸州誌』(鄭逑),『海州一鄉約束』(李珥),『孝宗實錄』,

2. 단행본

고석규,『19세기 조선의 향촌사회연구』(서울대학교출판부, 1998).

김성우,『조선중기 국가와 사족』(역사비평사, 2001).

金仁杰,『朝鮮後期 鄉村社會 變動에 관한 研究』(서울대학교 박사학위논문, 1991).

金智賢, 『明淸時期 蘇州地域 城隍神 信仰』(이화여자대학교 석사학위논문, 2006).

김철웅, 『한국중세의 吉禮와 雜祀』(서울: 景仁文化社, 2007).

金炫榮, 『朝鮮時代의 兩班과 鄕村社會』(集文堂, 1999).

김호동, 『아틀라스 중앙유라시아』(사계절, 2016).

둥젠훙 지음, 이유진 옮김, 『고대도시로 떠나는 여행 -중국 고대 도시 20강』(글항아리, 2016).

박한제 외, 『아틀라스 중국사』(사계절, 2007).

박한제, 『제국으로 가는 긴 여정』(사계절, 2014).

삼강문화재연구원, 『北方紀行』, 2016.

송기호, 『발해 사회문화사 연구』(서울대학교출판문화원, 2011).

송호정, 『처음 읽는 부여사 -한국 고대국가의 원류 부여사 700년』(사계절, 2015).

吳金成 외, 『명청시대사회경제사』(이산, 2007).

吳金成, 『國法과 社會慣行 -明淸時代 社會經濟史 硏究-』(지식산업사, 2007).

위치우위 지음, 심규호·유소영 옮김, 『중화를 찾아서』(미래인, 2010).

이해준, 『조선후기 문중서원 연구』(서울: 경인문화사, 2008).

장동표, 『조선시대 영남 재지사족 연구』(서울: 태학사, 2015).

정만조, 『朝鮮時代 書院硏究』(서울: 집문당, 1997).

정진영, 『조선시대 향촌사회사』(한길사, 1998).

한국역사연구회, 『조선은 지방을 어떻게 지배했는가』(아카넷, 2000).

향촌사회사연구회 편, 『조선후기 향약연구』(민음사, 1990).

3. 연구논문

1) 국내 논문

高英津, 「조선 중기 鄕禮에 대한 인식의 변화」, 『國史館論叢』 81, 국사편찬위원회, 1998.

金龍德, 「金圻鄕約 연구」, 『조선후기 향약연구』(민음사, 1990).

김무진, 「율곡 향약의 사회적 성격」, 『학림』 5, 연세대학교 사학연구회, 1983.

_____, 「鄕規研究」, 『韓國史研究』 54, 한국사연구회, 1986.

_____, 「鄕約과 鄕規」, 『韓國史論』 8, 국사편찬위원회, 1980.

김새미오, 「병와 이형상의 제주지방 의례정비와 음사철폐에 대한 소고」, 『大東漢文學』 63, 2020.

김성우, 「임진왜란 이후 복구 사업의 전개와 양반층의 동향」, 『한국사학보』 3.4, 1998.

김인걸, 「조선후기 향촌사회구조의 변동」, 『변태섭박사화갑기념사학논총』, 삼영사, 1985.

김지영, 「正祖代 思悼世子 追崇 典禮 논쟁의 재검토」, 『한국사연구』 163, 한국사연구회, 2013.

김풍기, 「허균의 『견가림신』(譴加林神)에 나타난 민속지(民俗誌)적 성격과 그 의미」, 『漢文學論叢』 50, 2018.

김해영, 「조선 초기 禮制 연구와 『國朝五禮儀』 편찬」, 『朝鮮時代史學報』 55, 2010.

김현영, 「사족지배체제와 지방지배」, 『조선은 지방을 어떻게 지배했는가』(아카넷, 2000).

김훈식, 「15세기 朝家의 吉再 追崇과 認識」, 『민족문화논총』 50, 영남대학교 민족문화연구소, 2012.

_____, 「조선 후기 吉再 追崇과 백성 교화 -烈女 藥哥 이야기를 중심으로-」, 『역사와 경계』 92, 부산경남사학회, 2014.

이성무, 「교육제도와 과거제도」, 『한국사』 23, 국사편찬위원회, 1994.

이윤석, 「명청시대 江南의 文廟와 城隍廟 -都市 祭祀·信仰 中心의 構造와 變遷-」, 『명청사연구』 17, 명청사학회, 2002.

이정화, 「퇴계 이황의 매화시 연구」, 『한국사상과 문화』 41, 2008

이존희, 「朝鮮前期対明书册貿易-以输入面为中心」, 『진단학보』 44, 1978.

이추묵, 「16세기한강의 宴会와 诗会」, 『诗歌史和艺术史的关联面貌』(II) (보고사, 2002).

박도식, 「강릉 단오제 主神 교체의 시기와 역사적 배경」, 『지방사와 지방문화』 22-1, 2019.

박명숙, 「崔溥『漂海录』所表达的理念和意味及江南形象」, 『溫知论丛』 27, 온지
　　　학회, 2011.

박원호, 「명청시대 '紳士' 연구의 성과와 과제」, 『역사학보』 198, 2008.

변동명, 「성황신 金忍訓·孫兢訓과 양산·밀양」, 『한국사학보』 22, 2006.

서영대, 「한국과 중국의 城隍神仰 比較」, 『중국사연구』 12, 2001.

서인범, 「朝鮮官人眼里的中國江南―以崔溥的『漂海录』为中心―」, 『동국사학』
　　　37, 2002.

송기호, 「수령과 선정비」, 『대한토목학회지』 59-5(2011), 대한토목학회.

송정수, 「明淸時代 鄕村社會와 鄕村支配 -鄕約·保甲制의 形成과 施行過程을 중심
　　　으로」, 『전북사학』 21·22, 전북사학회, 1999.

_____, 「향촌조직」, 『명청시대사회경제사』, 이산, 2007.

우정임, 「조선초기 서적수입, 간행과 그 성격」, 『부대사학』 24, 2000.

유영숙, 「조선시대 향촌사회의 질서변동과 城隍祠」, 『강원문화연구』 7, 2002.

유장근, 「변경의 슬픔과 희망: 대마도 역사 기행」, 『역사와 경계』 72, 2009.

_____, 「현대중국을 보는 한국인의 시선 -변방여행기를 중심으로」, 『한중인문
　　　학포럼발표논문집』, 2014.

윤동환, 「삼척 읍치성황제의 지속과 변화」, 『실천민속학연구』 16, 2008.

윤인숙, 「16세기 전반의 鄕約의 성격과 이해 -'소학실천자들'의 향약론을 중심으
　　　로-」, 『한국사상사학』 39, 한국사상사학회, 2011.

이　욱, 「조선시대 국가 사전(祀典)과 여제(厲祭)」, 『종교연구』 19, 2000.

이근명, 「朱熹의 <增損呂氏鄕約>과 朝鮮社會 -朝鮮鄕約의 特性에 대한 檢討를
　　　중심으로-」, 『중국학보』 45, 한국중국학회, 2002.

이성무, 「여씨향약과 주자증손여씨향약」, 『진단학보』 71·72, 진단학회, 1991.

이수환, 「서원건립활동」, 『한국사』 28, 국사편찬위원회, 1996.

_____, 「안동과 휘주의 서원교육 비교연구」, 『안동학연구』 5, 2006.

_____, 「朝鮮朝 嶺南과 淸代 山東의 書院 비교 연구 -人的組織과 經濟的 기반을
　　　중심으로-」, 『민족문화논총』 46, 2010.

이종서, 「고려시대 안동지역 '三功臣' 神祠의 기원과 성격」, 『국학연구』 39,
　　　2019.

이태진, 「士林派의 留鄕所 復立運動」, 『진단학보』 34·35, 1972·1973.

이태진, 「士林派의 鄕約普及運動 -16세기의 경제변동과 관련하어-」, 『한국문화』4, 서울대학교 한국문화연구소, 1983.

임용한, 「조선 후기 수령 선정비의 분석 -안성·죽산·과천의 사례를 중심으로-」, 『한국사학보』26 고려사학회, 2007.

장동표, 「16,17세기 청도지역 재지사족의 향촌지배와 그 성격」, 『釜大史學』22, 1998.

_____, 「17세기 밀양 재지사족 朴壽春의 향촌활동과 도통인식」, 『역사와 경계』 83, 부산경남사학회, 2012.

_____, 「17세기 영남지역 재지사족의 동향과 향촌사회 -밀양 재지사족 李而楨을 중심으로-」, 『역사와 경계』68, 2008.

_____, 「17세기 초반 밀양 재지사족 孫起陽의 향촌활동」, 『한국민족문화』34, 2009.

_____, 「예림서원의 건립 중수와 김종직 추숭 활동」, 『역사와 경계』64, 2007.

_____, 「임진왜란 전후 밀양 재지사족의 동향」, 『역사와 현실』55, 한국역사연구회, 2005.

_____,, 「조선시기 在地士族과 명청대 紳士에 대한 비교 교찰」, 『역사와 세계』 44, 효원사학회, 2013.

_____, 「조선중기 함안지역 재지사족층의 형성과 향촌지배」, 『釜山史學』37, 1999.

_____, 「조선후기 향촌 재지사족의 동향과 향촌사회 활동 -18세기 밀양지역 향촌지식인 사례를 중심으로-」, 『지역과 역사』45, 2019.

_____, 「조선시기와 명청대의 鄕約 시행과 그 성격 비교 연구」, 『한국민족문화』58, 2016.

_____, 「朝鮮中期 在地士族的先賢和乡贤追崇活動」(중국 산동대학, 제17회 중국한국학국제학술회의 발표논문, 2016.10.).

_____, 「朝鮮後期 密陽 在地士族의 鄕賢 追崇 活動 -孫起陽 追崇을 中心으로-」 (중국 북경대학 한국학연구중심, 제18회 중국한국학국제학술회의 발표논문, 2017.11.17).

_____, 「조선후기 밀양 表忠祠의 연혁과 祠宇 이건 분쟁」, 『역사와 현실』35, 한국역사연구회, 2000.

장동표, 「조선후기 창녕지역의 향안 중수와 재지사족」, 『한국민족문화』 40, 부산대학교 한국민족문화연구소, 2011.

정경주, 「대소헌 趙宗道의 인물 형상에 대하여」, 『남명학연구』 38, 경상대학교 남명학연구소, 2013. 「」

정두희, 「昭格署 폐지 논쟁에 나타난 趙光祖와 中宗의 대립」, 『진단학보』 88, 1999.

정만조, 「韓國 書院의 歷史」, 『韓國學論叢』 29, 국민대학교 한국학연구소, 2007.

정 민, 「16,17세기 조선 문인지식인층의 江南熱과 西湖圖」, 『고전문학연구』 22, 2002.

_____, 「임란시기 문인지식인층의 명군 교유와 그 의미」, 『한국한문학연구』 19, 1996.

정승모, 「민간신앙」, 『신편 한국사』 35, 1998.

_____, 「성황사의 민간화와 향촌사회의 변동」, 『태동고전연구』 7, 1991.

정진영, 「16세기 향촌문제와 재지사족의 대응 -'禮安鄕約'을 중심으로-」, 『민족문화논총』 7, 영남대학교 민족문화연구소, 1986.

_____, 「국가의 지방지배와 새로운 세력」, 『조선은 지방을 어떻게 지배했는가』 (아카넷, 2000).

_____, 「壬亂前後 尙州地方 士族의 動向」, 『민족문화논총』 8, 1987.

_____, 「조선시대 성리학적 향촌자치제의 전개와 추이」, 『한국유학사상대계』 IX(사회사상편), 한국국학연구원, 2007.

_____, 「韓國과 中國의 宗族社會 비교연구(1) -徽州와 安東을 중심으로-」(제24회 동아세아문화학회 학술회의 발표문, 2012)

지용환, 「朝鮮時代 西湖図 硏究」, 『미술사학연구』 269, 2011.

최 호, 「조선후기 밀양의 士族과 鄕約」, 『조서후기 향약연구』, 민음사, 1990.

최종석, 「여말선초 明의 禮制와 지방 城隍祭 재편」, 『역사와 현실』 72, 2009.

_____, 「조선전기 淫祀的 城隍祭의 양상과 그 성격 -중화 보편 수용의 일양상-」, 『역사학보』 204, 2009.

한기범, 「우암 송시열에 대한 후대인의 추숭과 평가」, 『한국사상과 문화』 42, 한국사상문화학회, 2008.

한상권, 「16·17세기 鄕約의 機構와 性格」, 『진단학보』 58, 진단학회, 1984.

한승현, 「明淸時代의 名宦·鄕賢 入祠 樣相의 變化와 그 意味」, 『중국학보』 54, 2006, 한국중국학회.

한우근, 「朝鮮王朝 初期에 있어서의 儒敎理念의 實踐과 信仰·宗敎」, 『한국사론』 3, 1976.

한형주, 「려말선초 祭天禮의 의례적 분석 -명대와의 비교를 중심으로-」, 『역사민속학』 45, 2014.

_____, 「조선초기 中祀祭禮의 정비와 그 운영 -民生과 관련된 致祭를 중심으로-」, 『진단학보』 89, 2000.

(2) 국외 논저

段自成, 『淸代北方官办乡约研究』(中国社会科学出版社, 2009).

董建辉, 『明淸乡约: 理论演进与实践发展』(中國; 夏門大學出版社, 2008).

邓洪波, 『中國書院史』(中國武漢: 武漢大學出版社, 2011).

卞 利, 『明淸徽州社会研究』(中國; 安徽大学出版社, 2004).

費孝通, 吳晗 等著, 『皇权与绅权』(中國; 岳麓书社, 2012).

徐茂明, 『江南士绅与江南社会(1368-1911年)』(中國; 商务印书馆, 2006).

李世众, 『晚淸士绅与地方政治-以溫州为中心的考察』 (中國; 上海人民出版社, 2006).

岑大利, 『中國歷代鄉紳史話』(中國; 沈陽出版社, 2007).

中国社会科学院, 『简明中国历史地图集』(中國; 中国地图出版社, 1996).

葛鹏云, 「高淳古城的城隍信仰」, 『大众考古』 2017年第12期.

高明士, 「韩国朝鲜王朝的庙学与书院」, 『湖南大学学报(社会科学版)』 第20卷第6期, 2006.

祁晓庆, 「儒学教化中的民间结社 —以社条, 乡约为中心的考察」, 『社会科学家』 2010-4, 桂林市社会科学界联合会.

单 磊, 「城隍神与土地神祭祀在清代豫北地区的争夺」, 『河南教育學院學報』 33-5, 2014.

段自成, 「略论清代乡约领导保甲的体制」, 『郑州大学学报(哲学社会科学版)』

31-4, 郑州大学, 1998.

段自成, 「论清代北方里甲催科向乡约催科的转变」, 『青海师范大学学报(哲学社会科学版)』2005-6, 青海师范大学.

段自成, 「论清代的乡村儒学教化——以清代乡约为中心」, 『孔子研究』2009-2, 中国孔子基金会.

段自成, 「论清代乡约职能演变的复杂性」, 『求是学刊』2013-2, 黑龙江大学.

段自成, 「论乡约行政组织化背景下的乡约与官府的关系」, 『泰山学院学报』2009-5, 泰山学院.

段自成, 「明清乡约的司法职能及其产生原因」, 『史学集刊』1999-2, 吉林大学, 1999.

段自成, 「清代北方官办乡约与绅衿富民的关系」, 『河南大学学报(社会科学版)』2007-5, 河南大学, 2007.

段自成, 「清代北方推广乡约的社会原因探析」, 『郑州大学学报(哲学社会科学版)』2008-4, 郑州大学, 2008.

段自成, 「清代乡约基层行政管理职能的强化」, 『河南师范大学学报(哲学社会科学版)』2011-2, 河南师范大学, 2011.

段自成·施铁靖, 「试论清代乡约的政治职能」, 『河池师专学报(社会科学版)』1998-3, 河池师范高等专科学校, 1998.

党晓虹, 「中国传统乡规民约研究」, 西北农林科技大学, 博士, 2011.

董建辉, 「"乡约"不等于"乡规民约"」, 『厦门大学学报(哲学社会科学版)』2006-2, 厦门大学, 2006.

羅冬陽, 「從明代淫祠之禁看儒臣,皇權與民間社會」, 『求是學刊』33-1, 2006.

骆正林, 「中国古代乡村政治文化的特点 -家族势力与国家势力的博弈与合流-」, 『重庆师范大学学报(哲学科学编)』(2007年第4期).

雷伟平, 「≪圣谕广训≫传播研究」, 华东师范大学, 硕士, 2007.

廖建夏, 「明清时期的城隍崇拜与广西地方社会」, 『广西民族师范学院学报』33-2, 2016.

刘军民·李金芮, 「关中地区城隍庙的社会价值探究」, 『城市发展研究』24-12, 2017.

刘笃才, 「中国古代民间规约引论」, 『法学研究』2006-1, 中国社会科学院法学研究所, 2006.

刘彦波, 「清代基层社会控制中州县官与绅士关系之演变」, 『武汉理工大学学报 (社会科学版)』第19卷第4期, 2006.

刘华明, 「明代苏州乡贤研究」(蘇州: 蘇州大学碩士學位論文, 2016).

李竞艳, 「晚明士人与普通百姓的交往,」, 『郑州航空工业管理学院学报(社会科学 版)』31-3, 2012.

李　媛, 『明代国家祭祀体系研究』(長春: 东北师范大学博士学位论文, 2009).

卞　利, 「明清时期徽州的乡约简论」, 『安徽大学学报(哲学社会科学版)』第26卷 第6期, 安徽大学, 2002.

常建华, 「东亚社会比较与中国社会史研究」, 『團結報』, 中国国民党革命委员会 中央委员会, 2010.

常建华, 「东亚社会比较与中国社会史研究」, 『天津社会科学』2004-03, 天津社 会科学院.

常建华, 「明代徽州的宗族乡约化」, 『中国史研究』2003-3, 中国社会科学院历史研究所.

常建华, 「清代宗族"保甲乡约化"的开端——雍正朝族正制出现过程新考」, 『河北 学刊』2008-6, 河北省社会科学院.

徐茂明, 「明清以来乡绅' 绅士与士绅诸概念辨析」, 『苏州大学学报』2003年1期.

徐祖澜, 「明清乡绅的教化之道论析」, 『西华师范大学学报(哲学社会科学版)』 2012-6, 西华师范大学.

徐祖澜, 「乡绅之治与国家权力--以明清时期中国乡村社会为背景」, 『法學家』第 2010年第6期.

施由明, 「明清时期宗族' 乡绅与基层社会 -以万载县辛氏宗族以例」, 『农业考古』 2008年04期.

施由明, 「清代江西的乡绅与县域社会建设 -以万载县为例-」, 『宜春学院学报』 30-5, 2008.

阳信生, 「近代绅士研究中的几个问题」, 『湖南城市学院学报(人文社会科学)』第 24卷第4期, 2003.

阳信生, 「明清紳士制度初探」, 『船山学刊』第63卷第11期, 2007.

余新忠, 「清前期乡贤的社会构成初探--以浙西杭州和湖州府为中心」, 『苏州科技 学院学报(社会科学版)』第20卷第3期, 2003.

余进东, 「"绅"义考辨及流变」, 『湖南社会科学』2012年 2期.

吴恩荣,「明代君臣礼仪冲突与礼制话语权的争夺」,『北京社会科学』2019年第10期.

王　健,「明清江南毁淫祠研究 --以蘇松地區爲中心」,『社會科學』2007年第1期.

王　健,「祀典, 私祀와 淫祀:明清以來蘇州地區民間信仰考察」,『史林』2003年第1期.

王美华,「唐宋时期地方社稷与城隍神之间纠葛探析」,『求是学刊』43-3, 2016.

王善飞,「明代江南乡绅与政治运动」,『辽宁师范大学学报(社会科学版)』第23
　　　卷第6期, 2000.

王玉山,「中国传统乡村社会中乡绅的历史地位探悉」,『研究生法学』2009年4期.

王日根,「論明清會館神靈文化」,『明清民間社會的秩序』(長沙: 岳麓書社, 2004).

牛建强, 「地方先贤祭祀的展开与明清国家权力的基层渗透」,『史学月刊』 2013年
　　　04期.

于曉紅,「清代河南书院祭祀研究」(貴州: 貴州大學碩士學位論文, 2016).

远藤隆俊,「宋代苏州的范文正公祠」,『第二届中国范仲淹国际学术论坛论文集』
　　　(第二届中国范仲淹国际学术论坛, 2008.10.27).

原　野,「洪洞县城隍信仰初探」,『焦作师范高等专科学校学报』33-4, 2017.

魏　峰,「从先贤祠到乡贤祠——从先贤祭祀看宋明地方认同」,『浙江社会科学』,
　　　2008年 第9期.

李競艷,「晚明士人與普通百姓的交往」,『郑州航空工业管理学院学报(社会科学
　　　版)』31-3, 2012.

張東杓,「朝鮮在地士族與明清紳士的比較研究」,『殿亞譯叢』第三輯 (北京: 商務
　　　印書館, 2017).

张明新,「乡规民约存在形态刍论」,『南京大学学报(哲学人文科学,社会科学版)』
　　　2004-5, 南京大学, 2004.

张星久, 「对传统社会宗族′乡绅历史地位的再认识」, 『湖北行政学院学报
　　　』,2002年 第4期.

张玉娟,「明清时期乡贤祠研究——以河南乡贤祠为中心」(河南: 河南大学碩士學
　　　位論文), 2009.

张传勇,「明清城隍封爵考」,『史林』5, 2017.

张中秋,「乡约的诸属性及其文化原理认识」,『南京大学学报』, 2004-5, 南京大学.

张会会,「明代乡贤祭祀与儒学正统」,『学习与探索』, 2015年 第4期.

张会会, 「明代乡贤祭祀中的"公论"—以陈亮的"罢而復祀"为中心」,『东北师大

学报』(哲学社会科学版), 2015年 第2期.

曹国庆,「明代乡约发展的阶段性考察——明代乡约研究之一」,『江西社会科学』, 1993-8, 江西省社会科学院.

赵克生,「嘉靖时代的祭礼大变革」,『西北师大学报(社会科学版)』2008年 02期.

赵克生,「明代生祠现象探析」,『求是学刊』33-2, 2006.

赵克生,「明代地方庙学中的乡贤祠与名宦祠」,『中国社会科学院研究生院学报』 2005年01期.

趙克生,「洪武十年前後的祭禮改制初探」,『东南文化』181, 2004.

趙克生·于海涌,「明代淫祠之禁」,『社會科學輯刊』146-3, 2003.

周扬波, 何忠礼,「宋代士绅结社研究」, 浙江大学, 博士, 2005.

朱漢民,「中國 書院의 歷史」,『韓國學論叢』29, 國民大學校 韓國學研究所, 2007.

陈江,『明代中後期的江南社會與社會生活』(上海: 上海社會科學院出版社, 2006).

陈彤,「厦门城隍庙的民间信俗文化」,『八闽风物』2018年第7期, 2018.

陈冬冬,「清代湖北士绅李道平的地方事业与入祀乡贤祠」,『荆楚学刊』 第17卷 第6期, 2006.

陳聯,「中国微州与韩国岭南书院比较研究」,『安東學研究』5, 2006.

陈时龙,「圣谕的演绎: 明代士大夫对太祖六谕的诠释」,『安徽师范大学学报:人文社会科学版』第43卷 第5期, 安徽师范大学, 2015.

邹小站,「乡贤文化应在当今有所作为」,『决策探索』2015年6期(北京: 中国社会科学院近代史研究所).

彭栋军,「儒者反淫祀与无神论 -以清代周召的双桥随笔为例」,『中国无神论研究』2011年第3期.

郝秉键,「明清绅士的构成」,『历史教学』1996年 第5期.

郝秉键,「试论绅权」,『清史研究』1997年 2期.

黄启昌,「"天下第一清官"张伯行」,『文史博览』2005-23, 湖南省政协.

黄挺,「≪南赣乡约≫在潮州的施行」,『韩山师范学院学报』 2013-4, 韩山师范学院.

조선과 명청의 향촌사회 비교 연구

초판 1쇄 인쇄일	2024년 9월 5일
초판 1쇄 발행일	2024년 9월 12일

지은이	장동표
펴낸이	한선희
편집/디자인	정구형 이보은 박재원
마케팅	정찬용 정진이
영업관리	한선희 이정주 이민영
책임편집	정구형
인쇄처	으뜸사
펴낸곳	국학자료원 새미(주)
	등록일 2005 03 15 제25100-2005-000008호
	경기도 고양시 덕양구 권율대로656 클래시아더퍼스트 1519호
	Tel 02-442-4623 Fax 6499-3082
	www.kookhak.co.kr
	kookhak2010@hanmail.net

ISBN	979-11-6797-174-6 *93910
가격	29,000원